本书系国家社科基金艺术学重大项目《建成社会主义文化强国的标准和实现路径》（课题号22ZD01）阶段性成果之一

大变局中的国际传播

李怀亮　　姬德强　主编

人民日报出版社

北　京

图书在版编目（CIP）数据

大变局中的国际传播／李怀亮，姬德强主编 . -- 北京：人民日报出版社，2022.8
ISBN 978-7-5115-7424-4

Ⅰ.①大… Ⅱ.①李… ②姬… Ⅲ.①传播学—研究 Ⅳ.①G206

中国版本图书馆 CIP 数据核字（2022）第 133671 号

书　　名：大变局中的国际传播
　　　　　DABIANJU ZHONG DE GUOJI CHUANBO
作　　者：李怀亮　姬德强

出 版 人：刘华新
责任编辑：孙　祺
封面设计：贝壳学术

出版发行：人民日报出版社

社　　址：北京金台西路 2 号
邮政编码：100733
发行热线：（010）65369527　65369846　65369509　65369510
邮购热线：（010）65369530　65363527
编辑热线：（010）65369518
网　　址：www.peopledailypress.com
经　　销：新华书店
印　　刷：天津雅泽印刷有限公司

开　　本：710mm×1000mm　　1/16
字　　数：193 千字
印　　张：12.75
版　　次：2022 年 8 月第 1 版　　2022 年 8 月第 1 次印刷
书　　号：ISBN 978-7-5115-7424-4
定　　价：66.00 元

序 言

当今世界正处于百年未有之大变局，新冠肺炎疫情的发生和蔓延更是给处于大变局中的世界提出了新的挑战。如何在百年变局与世纪疫情的双重背景下探索文明对话方式，创新全球治理模式，推动构建人类命运共同体，成为国际社会的广泛共识。人类命运共同体理念的提出彰显了解决全球化危机的中国智慧和中国方案，也为长期以来由欧美主导的国际传播场域注入了中国话语和中国叙事。通过融合全球视角，借力信息技术，赋能多元主体，搭建广泛联盟，人类命运共同体的构建为推动国际传播秩序变革提供了新的契机。国际传播的范式体系在演化和叠加中展现出崭新的面向，多元、平等、包容和关怀成为国际传播新秩序的价值基底。在信息传播技术革命的加持下，"一个世界、多种声音"的愿景有了新的实践土壤。

习近平总书记在主持十九届中共中央政治局第三十次集体学习时强调，"要高举人类命运共同体大旗，依托我国发展的生动实践，立足五千多年中华文明，全面阐述我国的发展观、文明观、安全观、人权观、生态观、国际秩序观和全球治理观。要倡导多边主义，反对单边主义、霸权主义，引导国际社会共同塑造更加公正合理的国际新秩序，建设新型国际关系。"在这个意义上，国际传播新秩序既内含了以人类命运共同体为原则的规范体系，同时也是一个大传播概念，涉及政治、经济、文化、艺术、教育、健康、安全等多个领域，以及组织、话语、技术等多个维度。

基于这一规范体系和大传播概念，本书以百年变局与世纪疫情为背景，深入解析了全球共同体时代的到来、全球经济的安全与挑战、公共卫生安全与全球危机管理、媒介生态视野下的健康传播、国际政治的失信与得道、文化差异的放大与弥合、网络技术与教育的可持续发展、建构性新闻驱动的国际传播话语转型、全球合作抗疫的网络化议程、世界卫生组织的跨国科普，以及文明对话的边界等议题，展开了一幅国际传播研究的跨学科画卷。

作为中国传媒大学人类命运共同体研究院出品的"人类命运共同体研究文丛"的第一本，我们希望以此开启多维视角和多元学科的深入对话，为加强和改进国际传播工作提供新思路，为阐释中国实践和升华中国理论提供新尝试，并最终为新全球化时代的文明交流互鉴提供思想动能。

自 2019 年 11 月创建以来，中国传媒大学人类命运共同体研究院立足学校专业优势，积极回应国家重大需求，全力服务学校跨越式发展，不断推进具有中国特色的国际传播理论研究和实践创新，旨在发展成为人类命运共同体理论研究与国际传播的高端智库，打造全球传播与治理的高水平国际学术平台。研究院发起成立的覆盖四大洲十多个国家的人类命运共同体海外研究中心和人类命运共同体国际学术联盟已经成为讲好中国故事、探讨世界问题、联合学术创新的重要机制。我们希望本书的出版能够为上述开创性工作写下新的注脚。

目　录

| 第一章 |

未曾面对的世界

当前世界正处于百年未有之大变局的关键时刻。随着世界多极化、经济全球化、社会信息化和文化多样化的发展，二战以来形成的世界秩序面临着严峻的挑战。新冠肺炎疫情，深刻地揭示出了国际社会长期形成的多重矛盾，加剧了各方面利益冲突、文化碰撞，加深了许多国家内部的撕裂和对立，强化了一些西方国家部分政客和精英阶层的冷战意识，也致使全球经济面临 20 世纪 30 年代以来最为严重的萧条和危机。如何战胜全球疫情、渡过经济危机和克服意识形态偏见，成为人类社会目前面临的三大任务。

第一节　人类面对的三大威胁

进入 21 世纪第三个十年的时候，人类社会开始面对三大威胁。

一、全球疫情蔓延

新冠肺炎疫情持续蔓延，难以预料何时才能彻底结束。

截至 2022 年 5 月，疫情已经造成超 5 亿人感染，无情地夺走了逾 600 多万人的生命。美国已有 100 多万人在此次疫情中逝去，超过了美国二战以来在战争中丧生人数的总和。欧洲在疫情中死亡的人数超过 180 万。这些数字的背后是一个个鲜活的生命，他们是曾经的至爱亲朋，是父亲、母亲和儿女，是家庭的支柱；是医生或教师，是社会的栋梁。

病毒无情地吞噬生命，同时也给全球社会笼罩上了隔离的阴霾。社区被封闭，城市被封闭，国境被封闭。交通停运，飞机断航，学校停课，工厂停工。人们被封闭在家里，街道空空荡荡，商场冷冷清清，影剧院大门紧闭，正常的社会生活受到了严重影响。

新冠肺炎疫情使本来就已增长乏力的全球经济雪上加霜。许多行业的产业链断裂，数以千计的企业倒闭，失业人口急剧增加，收入锐减，股市多次熔断，国际贸易断崖式下跌，迫使世界许多国家启动了紧急经济救助计划。

二、经济衰退

首先，全球经济衰退已成定局。随着疫情的扩展，全球资本市场持续恶化。美国股市百年未遇的连续四次熔断，严重打击了人们对全球经济的信心。美国股市第一次熔断，引发 11 个国家股市的熔断；第二次股市熔断，引发 8 个国家股市的熔断。如果疫情得不到控制，全球资本市场的动荡将会加剧，资本市场的颓势将会持续。

其次，石油价格的暴跌反映出地缘政治和大国博弈。世界各国的采油成本，沙特大概是 9 - 10 美元，俄罗斯是 20 美元，美国是 40 美元。这一轮的价格大战，油价从 147 美元一桶跌到 20 美元一桶，实际上是供给侧的大战。北美国家是供给侧，中国和印度等国是需求侧。能源市场的生死较量与引发股市的几次熔断有关，和能源市场未来总需求总供给有关，和未来市场利益的博弈有关，也和地缘政治经济、大国之间的博弈有关。

再次，全球产业链岌岌可危。高度全球化的产业链，使得企业能够在全球范围内组织生产，并及时地将产品投入市场。产业链分布的广度可以使一件产品的不同零部件来源于许多国家。交通运输发展促进了商品的流通速度，降低了仓储成本。经过精心设计的产品得以在全球范围内进行采购与运输。库存若搁置超过几天，便会被认为是市场的失灵。全球的供应链是连接在一起的，疫情使全球的产业链、供应链、服务链出现问题。首先是来自国外的产业链风险。在中国的总体进口中，从美国进口占比前三位的商品中航空占 54.4%，发动机占 40.2%，棉花占 3.6%。这些都是中间品贸易，也就是说如果这些零部件供应出了问题，就会影响到中国的产业链。其次是由于疫情影响，国外市场需求疲软，大批订单被取消。2020 年上半年，福特、通用、本田、斯巴鲁、丰田、菲亚特克莱斯勒等公司下属工厂多次被迫停产。

2020 年 5 月 20 日，联合国开发计划署发布《新冠疫情与人类发展：评估危机与展望复苏》报告称，受新冠肺炎疫情影响，2020 年可能出现自 1990 年提出人类发展这一概念以来的首次减缓。

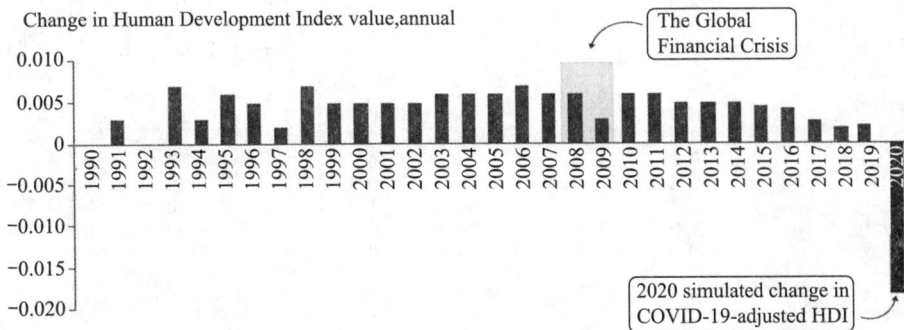

图 1－1　1990－2020 年人类发展指数变化

（图源：《新冠疫情与人类发展：评估危机与展望复苏》）

2020 年 9 月 16 日，世界经济合作与发展组织（OECD）发布预测，2020 年全球实际经济增长率为 －4.5%。2020 年 10 月 13 日，国际货币基金组织在《世界经济展望》报告中预测，2020 年全球经济将收缩 4.4%。据野村证券（Nomura）预测数据，2020 年全球国内生产总值缩水 3.6%，发达经济体缩水 5.4%，美洲缩水 4.4%，拉丁美洲缩水 7%，西欧缩水 7.9%，亚洲缩水 1.1%，东欧、中东和非洲缩水 4%。随着疫情的逐步控制，会出现缓慢增长。具体见图 1－2。

	实际 GDP（同比%）			消费价格（同比%）			政策利率（%；终期）		
	2020	2021	2022	2020	2021	2022	2020	2021	2022
全球	-3.6	5.7	4.0	2.2	2.0	22			
发达经济体	-5.4	4.0	3.4	0.7	1.3	1.3			
新兴市场	-2.2	7.0	4.5	3.4	2.7	2.8			
美洲	-4.4	3.5	3.3	1.7	2.3	2.0			
美国*	-3.4	3.2	3.5	1.2	2.0	1.5	0.13	0.13	0.13
加拿大	-5.6	4.5	3.3	0.7	1.6	2.0			
拉丁美洲*	-7.0	4.0	2.7	3.1	3.3	3.3			
巴西	-4.7	3.5	2.5	3.1	3.4	3.5			
智利	-5.8	5.1	3.0	3.0	2.7	3.0			
哥伦比亚	-7.1	4.6	3.5	2.6	2.8	3.0			
墨西哥	-9.1	3.5	2.4	3.5	3.6	3.5			
秘鲁	-12.5	8.7	4.3	1.6	1.8	2.2			
亚太地区	-1.5	7.5	4.8	2.6	1.7	2.1			
日本	-5.0	2.7	2.7	0.0	-0.1	0.6	-0.10	-0.10	-0.10
澳大利亚	-2.8	3.8	3.3	0.7	1.2	1.5	0.10	0.10	0.10
新西兰	-4.3	4.0	3.3	1.6	1.2	1.4	0.25	0.25	0.25
亚洲（除日澳新）	-1.1	8.1	5.1	3.0	2.0	2.2			
中国	2.1	9.0	5.3	2.6	1.0	1.6	2.20	2.20	2.50
中国香港	-6.1	4.3	3.2	0.4	2.0	1.8	0.50	0.50	0.50
中国台湾	2.3	3.8	2.6	-0.2	1.2	0.8	1.125	1.125	1.125
印度	-7.1	9.9	5.0	6.8	4.8	4.5	4.00	4.00	4.50
印尼	-2.3	4.9	5.3	2.1	2.6	2.9	3.50	3.25	3.75
马来西亚	-6.3	6.6	6.2	-1.1	1.9	1.7	1.75	1.50	2.00
菲律宾	-9.8	6.8	7.9	2.5	2.7	3.3	2.00	1.50	2.00
新加坡***	-5.2	7.5	4.6	-0.2	0.9	0.8	0.20	0.20	0.20
韩国	-0.8	3.6	2.0	0.5	1.2	0.9	0.50	0.50	0.50
泰国	-6.9	3.2	5.3	-0.8	0.7	0.6	0.25	0.00	0.00
西欧	-7.9	5.2	3.5	0.4	0.8	1.2			
欧元区**	-7.2	5.4	3.0	0.3	0.7	1.1	-0.50	-0.50	-0.50
法国	-9.2	6.7	3.3	0.5	0.8	1.1	-0.50	-0.50	-0.50
德国	-5.4	4.3	2.5	0.4	1.2	1.3	-0.50	-0.50	-0.50
意大利	-9.0	5.4	2.2	-0.1	0.3	0.8	-0.50	-0.50	-0.50
西班牙	-11.5	6.9	4.0	-0.3	0.4	0.8	-0.50	-0.50	-0.50
英国	-11.4	4.4	5.6	0.9	1.5	1.9	0.10	0.10	0.10
东欧、中东和非洲（EEMEA）	-4.0	3.6	3.3	5.2	5.2	4.9			
捷克共和国	-7.1	3.9	4.6	3.2	2.3	2.1			
匈牙利	-5.9	4.5	4.4	3.4	3.1	3.2			
波兰	-3.5	3.7	4.0	3.4	2.5	2.5			
罗马尼亚	-5.1	4.1	4.0	2.8	2.8	2.8			
南非	-8.1	3.6	2.0	3.3	3.8	4.2			
土耳其	-2.0	4.1	4.1	12.0	11.9	10.1			
俄罗斯	-3.9	3.0	2.4	3.3	3.6	3.8			
以色列	-5.4	4.6	3.7	-0.6	0.6	1.1			

注：总量基于经购买力平价（PPP）调整后的世界 GDP 占比计算得出（本表基于 PPP 覆盖了约 83% 的世界 GDP 份额）；我们的预测结合了基于油价期货对油价未来走势的假设。目前假设 2020 年、2021 年和 2022 年布伦特原油价格分别为 41.4 美元、48.3 美元和 48.0 美元。中国政策利率为 7 天逆回购利率。欧元区消费价格为调和消费者物价指数（HICP）。* 美国 2020 年、2021 年和 2022 年政策利率预期分别为联邦基金利率目标区间（0.00－0.25%）的中值。** 欧元区政策利率为存款便利利率。*** 新加坡政策利率是指 6 个月新元掉期利率。* 拉丁美洲 CPI 预期是 12 月同比变动。加拿大、拉丁美洲和 EEMEA 数据均为彭博经济预期；其余地区为野村证券预期。

资料来源：国际货币基金组织、彭博、野村全球经济、野村东方国际证券。

图 1-2 各国经济预期一览表

（图源：Nomura）

2020 年 3 月，联合国秘书长古特雷斯表示，全球经济衰退基本是肯定的，并可能是破纪录的程度。巴菲特等金融家、经济学家也预测世界经济可能面临类似20 世纪 30 年代的大萧条。"这不仅会带来世界经济的危机、金融的危机、市场的危机，也包括生态的危机、人的生命与安全的危机等多维度的冲击"①。2020年 6 月 16 日，联合国贸易和发展会议发布《2020 年世界投资报告》（World Investment Report 2020），预计 2020 年全球外国直接投资流量将急剧减少 40%，达到近 20 年以来的最低水平。2020 年 4 月 7 日，国际劳工组织发布报告指出，新冠肺炎疫情是"第二次世界大战以来最严重的全球危机"，新冠肺炎疫情导致2020 年第二季度全球工作时间缩减 6.7%，相当于 1.95 亿全职雇员失业。在全球 33 亿劳动力中，超过五分之四（约 81%）的人受到了全部或部分工作场所关闭的影响。不同收入群体预计会出现巨大损失，尤其是中高收入国家，其工作时间损失为 7.0%，波及 1 亿全职雇员，远远超过 2008 年至 2009 年国际金融危机的影响。风险最大的行业包括住宿和餐饮服务、制造业、零售业以及商业和行政活动。2020 年 10 月 7 日，世界银行表示，新冠肺炎疫情使冲突和气候变化问题雪上加霜，进一步拖慢了减贫进程，2020 年全球极端贫困率将出现 20 年来的首次增长。据估计，新冠肺炎疫情将使 2020 年新增极贫人口至 8800 万到 1.15亿人，取决于经济收缩的严重程度，到 2021 年极贫人口总数可能增至 1.5 亿人。世界银行集团行长戴维·马尔帕斯（David Malpass）表示："大流行和全球经济衰退可能导致世界人口的 1.4% 以上陷入极端贫困"。

三、冷战思维和意识形态偏见

中国发生新冠肺炎疫情之初，世界许多国家政府、国际组织、企业、社会团体和个人，都对中国人民伸出了友谊的双手，表示了坚定支持。但也有一些国家由于意识形态和文化偏见，把本来是全人类的共同敌人的病毒说成是"中国病

---

① 陈文玲：《以战疫"中国药方"逆转全球经济大衰退风险》，https：//baijiahao. baidu. com/s？id = 1663345273642270827&wfr = spider&for = pc。

毒"，对中国进行污名化和妖魔化。美国一家主流媒体还把中国说成是真正的"病夫"，极大地伤害了中国人民的感情。美国商务部部长甚至幸灾乐祸地说，疫情的暴发有助于企业往美国回流。不仅如此，时任国务卿蓬佩奥还把病毒与社会制度联系起来。这种看笑话甚至幸灾乐祸的态度，使美国错过了中国人民做出巨大牺牲为世界换来的遏制病毒的宝贵时间，造成美国沦为全球疫情的"震中"。这非常深刻地说明，病毒没有国界，病毒是全人类的共同敌人。人类在战胜病毒的同时，必须战胜自身的狭隘和偏见。美国媒体开足了马力抹黑中国，2020年3月8日，《纽约时报》在其社交媒体上推送了有关中国因抗击新冠肺炎疫情而封城的文章，称"为了抗击新冠病毒，中国将近6000万人置于封锁之下，给上亿人规定严格的隔离制度和旅行禁令。这样的措施极大损害了人民的生活和个人自由"。有趣的是，20分钟后，该报发布一条关于意大利为抗击病毒扩散而封锁部分地区的文章，内容是这样的："突发新闻：意大利正在封锁米兰、威尼斯及其北部大部分地区，为遏制欧洲最严重的冠状病毒暴发而甘冒经济风险"。

第二节 冷战时期、全球化时代与全球共同体时代

我们已经习惯于用冷战时期、全球化时代来概括第二次世界大战以来的不同历史分期。如果用结构主义的方法来总结这两个时期的国际秩序，从另外一个视角可以看到，冷战时期美苏两大阵营的对立和对抗主要体现在意识形态的"异质化"；全球化时代主要是用西方的现代性来同化世界，也就是我们常说的"同质化"。经历过异质化和同质化两个时代之后，当今世界开始进入一个"异质同构化"时代。

一、异质对抗的冷战时期

第二次世界大战后期，美、英、苏三国首脑举行了一系列会议，达成了一系

列协议，发表宣言和公告，组建国际组织，构建了战后国际秩序的基本框架和运行机制，形成了雅尔塔体系。雅尔塔体系体现反法西斯盟国整体利益和大国合作精神，能够有效维护战后国际秩序的国际机制，也为美国和苏联这两个战争中崛起的新兴大国构筑"新型大国关系"提供了历史机遇。然而，雅尔塔体系刚刚付诸实践就走向对抗的轨道，原本的主动型"大国合作"机制转变为被动型防止新的世界大战的"危机控制"机制。战后国际秩序从此进入长达四十余年的冷战格局。

冷战的发生，与当时美、苏两国的政策有关，但从根本上说，"是人类社会现代化进程中世界范围制度性分裂的结果"①。作为曾经一个阵营，在二战中联合的反法西斯盟国，战后却因社会制度和意识形态的异质对立，分裂为两个世界、两大阵营，美国和苏联成为各自"世界"的中心，形成冷战格局的"二元–两极"结构。

冷战期间，美国对苏联采取了从地缘和国际影响上进行总体遏制的战略，包括"和平演变战略、秘密战略和经济打击战略等几种具体的战略手段，在不同时期、不同领域加以运用，并相互配合"②。

由于造成冷战的深层原因是制度和意识形态的异质性，美国采取的最主要战略是和平演变战略。国际秩序是指国家依据国际规范采取非暴力方式解决冲突的状态，其构成要素为国际主流价值观、国际规范和国际制度安排。③ 从政治制度上来看，美国是资本主义制度，采取普选制，实行三权分立，其政治理念是"自由、平等、民主、法治"，而苏联实行共产党领导的社会主义制度。从经济制度上来看，美国实行市场经济体制，让市场这只看不见的手来配置各种资源，而苏联实行计划经济，由政府部门来计划经济生产活动，强调"计划经济、公有制和按劳分配"是社会主义经济的特征。资本主义经济的特点被概括为私有制和市场

① 余伟民：《事与愿违：战后初期美苏如何从合作走向对抗》，《历史教学问题》2016 年第 1 期。
② 王帆：《美国对苏联冷战战略及其启示》，《现代国际关系》2019 年第 8 期。
③ 阎学通：《无序体系中的国际秩序》，《国际政治科学》2016 年第 1 期。

经济。这一时期西方主流经济学家极力从理论上证明计划经济是荒谬的，只有市场经济才是适合人类社会发展的经济模式。比如，诺贝尔经济学奖获得者弗里德里希·哈耶克（Friedrich Hayek）认为，人类的知识和智慧是分散在不同的大脑当中的，不可能把所有的知识装进一个脑子里面去，经济管理和商业决策是在去中心化的经济秩序之中展开的。在经济活动中，价格的波动、个人资产的处置、利润高低、合同签约以及商品和服务交换的能力，所有这些都是基于转瞬即逝的、分散的甚至碎片化的信息做出决定的。因此，由一个中央政府代表全社会来控制和管理经济，是不可能实现的，必然是阻碍生产力发展的。哈耶克自由主义经济学的核心概念是"浮动的价格和利润。价格和利润传达了信息。它们传达了生产者和消费者对于不同产品和服务的供求关系的信息，因而能够指导生产。没有浮动的价格和利润，一个经济体就无法实现满足人类需求的最佳生产活动。市场经济社会，在最大程度上可以被简单地界定为：允许成年人和有行为能力的人在不伤害他人的前提下，按照自己的意愿做自己想做的事情"①。

在冷战期间，美国采取了以推广民主为核心的外交政策和自由国际主义主张。自由国际主义的要素包括西方自由民主制度（政治）、多边主义（外交），市场经济、自由贸易和美元主导（经济），军事霸权地位、盟国网络及其用武力维护这一秩序的决心（军事），威尔逊主义及其哲学基础西方自由主义（思想）。亨利基·基辛格（Henry Kissinger）先生指出："外交政策的任务与其说是追求特定的美国利益，不如说是培养共同原则。"② 从历史上看，美国领导人深信美国的共识是普遍的，在任何时候将美国国内原则适用于所有其他国家都是有效的。

随着苏联解体和东欧剧变，以美国为首的西方国家阵营取得了冷战胜利。冷战的胜利被看作资本主义制度的胜利和西方民主的胜利。冷战结束以后，西方民主旗帜高高飘起，开始了浩浩荡荡的全球化运动。

---

① Alan Ebenstein, Friedrich Hayek, A Biography, NY: St. Martin's Press, 2001.
② Henry Kissinger, World Order, NY: Penguin Books, 2015, p. 6.

二、全球化与同质化

从本质上来讲，全球化运动是西方现代性在冷战时期击败以苏联为代表的社会主义国家阵营之后继续向全球覆盖蔓延的进程。

"全球化"无疑是 20 世纪 80 年代以来对当代社会影响最大的关键词之一。经济全球化实现了全球范围内产业结构的调整和产业链的融合，促进了经济增长和贸易发展。西方发达国家的跨国集团，把资本密集和人才密集的研发环节留在发达国家内部，而把污染环境、耗费材料并且利润率最低的制造业环节转移到发展中国家，最后面向全球市场来销售产品，获取高额利润。西方资本主义跨国集团公司在全球范围内畅通无阻，凭借雄厚的资本实力、领先的技术水平、先进的管理经验、多样化的营销手段以及制定游戏规则的先发优势，在国际市场上获得了垄断性的市场地位和丰厚甚至超额的利润。这个被称为"微笑曲线"的价值链理论，的确在短时间内实现了全球资本、人力资源和市场的优化资源配置，实现了全球范围内的产业转移。经济全球化为西方发达国家带来了巨大的经济利益。与经济全球化同步展开的文化全球化，也使以美国为代表的西方文化成为世界范围内的主导文化和支配性文化。美国的电影、电视剧、图书、流行音乐、动漫等文化产品借助市场优势在全球变成最为流行的大众文化，好莱坞几乎成为世界电影的代名词，美国文化帝国主义造成了世界文化的同质化，被指为文化巨无霸和文化压路机。从苏联解体到 21 世纪初金融危机爆发之前，轰轰烈烈的全球化运动达到了极盛时期。

铺天盖地的全球化运动中也形成了系统的全球化理论。以阿尔让·阿帕杜莱（Arjun Appadurai）、乌尔里奇·贝克（Ulrich Beck）、约翰·汤林森（John Tomlinson）和罗兰·罗伯逊（Roland Robertson）为代表的全球化理论家，创造了一整套概念、理论、工具、方法来对全球化进行系统的理论思考。全球化理论家们给出的"全球化"定义很多，笔者认为弗雷德里克·詹姆士（Fredic Jameson）和罗兰·罗伯逊的说法最有代表性，把他们两人的定义结合起来看，基本上可以确定"全球化"的主要方面和基本性质。弗雷德里克·詹姆士指出，全球化的实质就是"对于世界传播以及世界市场边界的无限扩大的意识"①。罗兰·罗伯逊认为,"全球化主要被用来描述西方现代性观念在世界范围内扩散的历史进程。"② 全球化理论所要讨论的并不是地理空间的问题,"空间的问题主要是通过全球性的概念提出来的更加具体和独立的问题"③。由此可以看出全球化的两个基本维度:世界传播与市场体系,而全球化的本质是按照西方现代性的观念来塑造世界。

世界市场的边界扩展被弗雷德里克·詹姆士当作全球化运动的两个维度之一,是非常有见识的概括。冷战结束以后,以西方的现代性在全球的扩展为核心的全球化运动,其核心内容就是市场经济体系的扩展。从"世界市场边界扩展"这个维度来看,全球化的任务已经完成。

全球化运动的另一个维度是世界传播的无限扩大的意识。随着传媒技术的飞速发展、互联网及移动互联网的迅速普及以及传播基础设施的完善,信息的传播弥合了时间和空间的界限,我们已经生活在一个信息过剩的时代。由于新媒体技术的发展,"从社交媒体到智能手机再到各种网站,普通人不仅可以获得资讯,而且可以参与内容生产,报道重大事件的发生"④。

从弗雷德里克·詹姆士所说的全球化的两个维度来看,全球化运动的使命已经完成,全球化的"负面效果"之一是,发达国家作为全球化的推动力量,把研发与市场留在其国内,而把产业链的低端制造环节和夕阳产业转移到发展中国家,造成这些国家的资源过度开采和环境污染。"负面效果"之二是,在发达国家内部,"许多人,尤其是穷人、穷乡僻壤的居民、许多国家的农民和失业的工

---

① Fredric Jameson & Masao Miyoshi (ed), The Cultures of Globalization, Durham: Duke University Press, 1998, p. XI.

② Roland Robertson, "Globalization: time – space and Homogeneity – Heterogeneity", in Global Modernities, Featherstone, Lash, Robertson (eds.), London: SAGE, 1995, p. 25.

③ Roland Robertson, "Globalization: time – space and Homogeneity – Heterogeneity", in Global Modernities, Featherstone, Lash, Robertson (eds.), London: SAGE, 1995, p. 27.

④ Nikki Usher, Interactive Journalism—Hackers, Data, and Code, Urbana and Chicago: University of Illinois Press, 2016, pp. 2 – 10.

人等等在心中出现了一种挫败感，一种隐隐约约的无序感"①。全球化的好处不成比例地落在垄断资本家手中，全球化的代价却落到了失业的工人身上。超级富豪越来越富，穷人面临的痛苦却没有得到政府及时缓解，西方国家国内矛盾加剧。经济学家布兰科·米拉诺维奇（Branko Milanovic）2012 年发表的"大象曲线"显示，在 1988 年至 2008 年期间，世界上大多数人口的实际收入大幅度上升，但美国和其他发达国家的大多数居民的收入没有上升。② 在这种背景下，全球化开始退潮，发达国家开始背弃全球化进程。美国畅销书《乡巴佬的挽歌》（Hillbilly Elegy）③ 非常生动地描述了产业空心化之后美国中西部地区产业工人的艰难处境。从负面效果来看，全球化运动也接近尾声了。

新兴市场国家正是在经济全球化的过程中，抓住了制造业环节的外溢机会，实现了经济的迅速发展。中国传统的艰苦创业精神和发明创造智慧在与全球化的碰撞中擦出了火花，中国成为世界工厂，实现了经济的腾飞。以中国为代表的新兴市场国家由此在国际事务中获得了越来越多的话语权，也就是西方话语内部所说的权力转移。权力转移与逆全球化的根基深植于全球化运动的内在机制。全球化退潮后，发达国家开始背弃全球化进程。英国脱欧和特朗普上台以后，国际社会出现了一股逆全球化的动向。美国丢弃全球化积极推手的角色，背弃多项国际协定，大搞单边主义，主张"美国优先"，提高关税壁垒，发动贸易战，给全球产业链造成损害，使本来已经十分疲软的全球经济雪上加霜。2020 年 3 月，美股10 天内 4 次熔断，预示着世界经济可能已经面临百年未遇之经济危机。新冠肺炎疫情威胁着人类的健康安全，造成了无数生命的丧失，全球每一个人、每一个家庭都在面临病毒的威胁。只有当威胁来临时候，人类才能真切地感受共同的命运。

---

① ［法］阿兰·巴迪欧 2016 年 11 月 9 日在加州大学洛杉矶分校的演讲。

② See Branko Milanovic, Global Inequality—A New Approach for the Age of Globalization, Cambrideg：Harvard University Press, 2016.

③ J. D. Vance, Hillbilly Elegy, NY：Harper Collins Publishers, 2016.

三、走向全球共同体时代

在全球化运动过程中，美国一直延续冷战思维，把世界划分为两个阵营：英法等欧洲国家和日韩等亚洲国家是盟国；俄罗斯、中国和朝鲜是敌对国。在欧洲用北约来对抗俄罗斯，在亚洲部署萨德来遏制中国和朝鲜。跨太平洋伙伴关系协定（Trans – Pacific Partnership Agreement，简称 TPP）目的是为了搞亚太"再平衡"，遏制中国的崛起。2017 年，美国正式退出 TPP，对全球防御系统提出质疑，并且要与俄罗斯改善关系，使美国的"所有盟友产生了恐惧"。①

美国自称是促进市场开放、消除贸易壁垒和自由贸易的推进者。里根当选美国总统的时候提的口号是"让美国再次伟大"，其手段是推进全球化，消除各种壁垒、推倒"柏林墙"。特朗普政府提的口号跟里根一样，但实现的手段却是要"建墙"，要提高关税壁垒，反对全球化及其带来的负面效应，反映出他所代表的一种思潮。

20 世纪 90 年代，全球贸易的增长速度是全球经济增长速度的两倍以上。根据国际货币基金组织（International Monetary Fund，简称 IMF）的研究结果，在那个时代，全球经济每增长 1%，能为贸易带来 2.5% 的增长。在全球化运动的鼎盛时期，自由贸易理论被越来越多的国家所接受，关税大幅下降，运输成本降到历史最低水平。但 2008 年以来，全球经济放缓导致贸易减少。全球经济每增长 1% 只能带来 0.7% 的贸易增长，和 20 世纪 90 年代相比大幅下降。根据荷兰统计学家的数据，全球贸易量 2016 年第一季度持平，第二季度下降 0.8%。美国 2015 年进出口总值下降 2000 多亿美元，2016 年前三季度下降 4700 多亿美元。这是第二次世界大战以来美国与其他国家的贸易首次在经济增长期出现下降。

过去几十年来，资本、市场和技术从西方发达国家向更广大的发展中国家转移和扩散，使许多原来处于边缘的发展中国家有条件实现经济跨越式发展，世界

---

① Michael McFaul, Our allies are afraid. Here's how Trump can reassure them. : His wild – card approach to foreign policy won't sit well with European and Asian partners, The Washington Post, 2016 年 11 月 17 日。

经济格局和利益关系发生了结构性调整。原来推动全球化的西方国家和被认为是边缘的发展中国家对全球化的态度也发生了逆转。英国《经济学家》杂志曾委托一家名为舆观调查网（YouGov）的调查机构，对 19 个国家的民众关于移民、贸易和全球化的态度进行民意调查。调查数据显示，新兴市场国家和西方国家之间差距巨大。西方国家开始背弃全球化。受到工资增长停滞的困扰，在美国、英国和法国，只有不到一半的受访者认为全球化是向善的力量，他们认为世界正在变得更加糟糕。即使是相对比较乐观的美国人也感到郁闷，只有 11% 的人认为全球化运动改善了世界。相反，经济增长较快的国家对全球化持更为积极肯定的态度。越南、菲律宾、印度、泰国、马来西亚、印度尼西亚等国对全球化持肯定态度的受访者超过 70%，其中越南最高，达到 90% 以上。法国、美国、英国等国家对全球化持肯定态度的受访者都在 50% 以下，受访者对外国人来并购本国企业持反对态度，而亚洲国家的受访者则认为这不构成什么问题。①

　　中国也是全球化运动的受益者，对经济全球化持肯定的态度。中国提出的"一带一路"倡议，其沿线主要是新兴经济体和发展中国家，经济发展普遍处在上升期，经济总量约 21 万亿美元，占全球的 29%。中国积极推进这一地区的"五通"，即政策沟通、设施联通、贸易畅通、资金融通、民心相通；构建"三同"，即利益共同体、命运共同体和责任共同体。同时，中国也在积极推进亚太自由贸易区建设。2016 年 11 月，习近平主席在亚太经合组织第二十四次领导人非正式会议第一阶段会议上的发言中指出："当前，世界经济仍然在深度调整，复苏动力不足，增长分化加剧。经济全球化遇到波折，国际贸易和投资低迷，保护主义抬头。""经济全球化进入阶段性调整期，质疑者有之，徘徊者有之。应该看到，经济全球化符合生产力发展要求，符合各方利益，是大势所趋。我们不能因为一时困难停下脚步，要在参与经济全球化进程中，注重同各自发展实践相结合，注重解决公平公正问题，引领经济全球化向更加包容普惠的方向发展。我

---

① What the world thinks about globalisation：Daily chart, The Economist（Online），2016 年 11 月 18 日。

们要用行动向世界宣示，亚太对经济全球化决心不变、信心不减。"①

西方国家推动的全球化绝不仅仅是经济的全球化，奥巴马所指的以推动西方现代性（包括意识形态、政治经济体制和世界市场）全球扩散的全球化，由于其负面效应，西方国家作为推动者已经失去了动力。目前，发展中国家和新兴经济体对于经济发展的内驱力将成为经济全球化的新动力。由于动力机制不同，由新兴经济体推动的经济全球化将不会是已近尾声的以西方现代性为核心的全球化的 2.0 或 3.0 版本，而是以经济增长为核心的全球经济合作机制。

四、全球共同体的时代特征

当把地球村（global village）、全球化（globalization）、全球共同体（global community）这三个词放在一起来思考的时候，我们会发现：地球村是一个时空压缩的概念，全球化是一个带有西方化特色的概念，而全球共同体是一个人类命运视角的共情性概念。

（一）休戚与共，人类命运紧密相连

现有的世界秩序是建立在西方"民族国家"理论基础之上的。民族国家实现了民族与国家的统一，并与资本主义经济活力结合在一起，显示出巨大的优势。民族国家这种国家形式也被世界范围的其他国家接受和模仿从而向全球拓展，不仅成为近代以来世界范围内主导性的国家形态，而且构建了民族国家的世界体系。随着民族国家的构建和扩张，民族这种特定的人类群体受到了越来越多的关注，民族也成为运用广泛的描述和分析人类群体形式的概念工具。民族国家不仅是民族这种人类群体得以凸显的逻辑前提和历史前提，而且构成了民族概念的逻辑基础和理论预设。以往的共同体理论，不论村落共同体、社区共同体、阶层共同体还是行业共同体，都是在民族的范围内进行讨论的。费迪南·滕尼斯

---

① 习近平：《面向未来开拓进取 促进亚太发展繁荣——在亚太经合组织第二十四次领导人非正式会议第一阶段会议上的发言》，《人民日报》2016 年 11 月 22 日 02 版。

（Ferdinand Tönnies）把共同体看作一种与社会相对的生活，"特指那些凭借传统的自然感情而紧密联系的交往有机体。"① 本尼迪克特·安德森（Benedict Anderson）认为，"民族是一种想象的政治共同体——并且，它是被想象为本质上有限的，同时也享有主权的共同体。"② 齐格蒙特·鲍曼（Zygmunt Bauman）认为，基于人与人之间差异性的共享基础上的共同体形态，是一种基于他人和社会对个体平等权利和机会给予尊重上的共同体。③ 在类型上，民族共同体、宗教共同体、种族共同体乃至科学共同体、艺术共同体等，都曾出现在共同体的类型学视野中。

传统的世界秩序是建立在主权国家的权力之上的。美国对外关系委员会会长理查德·哈斯（Richard Haass）认为，"一个国家内部发生的事情不再仅仅是那个国家所关心的问题。今天的情况需要更新的操作系统，称之为世界秩序2.0，不仅包括主权国家的权利，还包括这些国家对他人的义务。"哈斯所说的"主权义务"既要尊重国际秩序的传统原则，同时需要扩展和适应高度互联的世界。"从一个普遍商定的建国基础开始，世界秩序2.0要求就扩大的规范和安排达成共识。任何一个社区都不可能有无限的权利实现政治自决。"④ 世界秩序2.0版实际上就带有共同体时代的特征。

不同于以往所有共同体理论，人类命运共同体理论超越了民族国家层面，把全球作为共同体的范围，把共同命运作为连接人类的纽带，深刻地揭示了人类前途命运和时代发展趋势之间的内在逻辑，有着深刻丰富的理论内涵。"建立平等相待、互商互谅的伙伴关系，营造公道正义、共建共享的安全格局，谋求开放创

---

① ［德］费迪南·滕尼斯：《共同体与社会：纯粹社会学的基本概念》，林荣远译，商务印书馆1999年版，第154页。

② ［美］本尼迪克特·安德森：《想象的共同体：民族主义的起源与散布》，吴叡人译，上海人民出版社2005年版，第6－7页。

③ ［英］齐格蒙特·鲍曼：《后现代性及其缺憾》，郇建立等译，学林出版社2002年版，第242页。

④ Haass, R, "World Order 2.0 – The Case for Sovereign Obligation", Foreign Affairs, Vol. 96, No. 2, (January, 2017), pp. 2 – 3.

新、包容互惠的发展前景，促进和而不同、兼收并蓄的文明交流，构筑尊崇自然、绿色发展的生态体系。这五个方面形成了打造人类命运共同体的总布局和总路径……从不同角度诠释了人类命运共同体的内涵，相辅相成、缺一不可，形成一个完整统一的有机整体。"① 在全球抗击疫情的过程中，习近平主席同多位外国元首通电话，强调"病毒没有国界，不分种族，是全人类面临的共同挑战，国际社会只有形成合力，才能战而胜之。"② "这场疫情是全人类面临的共同挑战。国际社会只有凝聚起强大合力，才能克敌制胜。"③ 不论性别、年龄、阶层、地位、种族、民族、国别，人类的命运紧紧联系在一起。为了阻断新冠肺炎疫情的传播，各国对国际旅行采取了各种限制措施，这看似一种分隔，实际说明病毒是全人类的敌人。

（二）守望相助，人类必须寻求更大范围的合作

2020 年 3 月 27 日，习近平主席应约同时任美国总统特朗普通电话时表示："中美合则两利、斗则俱伤，合作是唯一正确的选择。希望美方在改善中美关系方面采取实质性行动，双方共同努力，加强抗疫等领域合作，发展不冲突不对抗、相互尊重、合作共赢的关系。"④ 共同体时代，世界各民族的合作变得更加广泛深入和必要。中美关系如此，世界各民族的关系也是一样。在国际事务中，中国秉持人类命运共同体理念，在国际和区域层面建设全球伙伴关系，走出一条"对话而不对抗，结伴而不结盟"的国与国交往新路。中国倡导世界各国摆脱结盟或对抗的窠臼，顺应时代发展潮流，平等相待、互商互谅，探索构建不设假想敌、不针对第三方、具有包容性和建设性的伙伴关系。这为各国正确处理相互关系指明了方向和途径。在疫情全球蔓延的情况下，世界各国必须深刻地意识到，人类共处于一个休戚相关的命运共同体中，我中有你、你中有我，互联互通、彼

---

① 王毅：《携手打造人类命运共同体》，《人民日报》2016 年 5 月 31 日。
② 《习近平同比利时国王菲利普通电话》，新华社 2020 年 4 月 2 日。
③ 《习近平同印度尼西亚总统佐科通电话》，新华社 2020 年 4 月 2 日。
④ 《习近平同美国总统特朗普通电话》，新华社 2020 年 3 月 27 日。

此包容，加强沟通、增进联系，深化政策协调，是摆脱当前困境的最好选择。

在新冠肺炎疫情这场重大公共卫生危机事件中，病毒已经成为全人类必须共同面对的敌人。危机呼唤着各国放弃各种芥蒂，寻求更多的合作。作为负责任大国，中国在抗疫过程中一直秉持与国际社会积极合作的态度，发现疫情之后及时向世界卫生组织（World Health Organization，以下简称WHO）和国际社会通报情况，取得抗疫阶段性胜利后，主动向世界各国分享防治经验并提供力所能及的人力物力支持。2020年1月22日，习近平主席在应约同法国总统马克龙通电话时表示，中方愿同国际社会一道，有效应对疫情，维护全球卫生安全①。WHO总干事和联合国秘书长多次倡导国际社会加强防疫合作。英国女王发表全国电视讲话，号召英国人民团结起来，与世界人民站在一起。意大利、塞尔维亚等欧洲国家向中国发出求援信号之后，立刻得到了中方响应。当中国的抗疫物资和医疗救援队到达意大利的时候，意大利城市奏响了中华人民共和国国歌。塞尔维亚总统亲自到机场迎接中国物资和医疗队，并深情地亲吻中国国旗。

在这次疫情中，东亚各国努力超越意识形态隔阂，克服诸多现实障碍，在抗疫中表现出区域共同体的特征。作为东亚最有影响力的三大经济体，中日韩三国迅速建立了联合抗疫的通道。在中国疫情最为严重的时候，日本和韩国从官方到民间，都向中国伸出援手。当日本和韩国疫情蔓延时，中国迅速派出医疗人员，积极分享防控经验，并力所能及地支援抗疫物资，与日韩建立防疫机制，共同阻击疫情。东亚以及亚洲各国作为近邻，人员往来密切，经济、文化、技术分工各方面联系紧密，利益高度融合，有着广阔的合作和共同发展空间。在面对新冠肺炎疫情这一共同的危机和挑战时，需要加强合作，共渡难关，才能使友谊和互信进一步深化，在更长的历史时期内形成了团结协作、休戚与共的亚洲命运共同体。

（三）开放包容，世界的治理模式和话语方式将出现多样化的态势

"西方中心"长期支配和影响着人们理解世界和解释世界的方式。从19世纪

---

① 《习近平同法国总统马克龙通电话》，新华社2020年1月22日。

欧洲国家"开始输出主权、管理、法律、外交和商业的欧洲思想。在这个意义上讲，欧洲不仅主导了世界其他部分，使其黯然失色，而且在独特的欧洲价值和机制基础上建立起了全球秩序。欧洲人成功地把他们的地区性秩序复制成了全球层面上的基础性规则。① 有学者认为，过去的一千年"欧洲一直是世界政治的中心"②。第二次世界大战以来，西方不仅在军事和经济上处于支配地位，而且在国际话语体系中形成了霸权。也就是说，当今国际社会的制度和标准体系是由西方扩展来的，西方的思想体系奠定了当今社会的基础性思想框架，西方的制度文明成为现代性话语的"唯一"合法性来源。

在西方现代性话语霸权之下，除了西方之外的地方都被视为"其余部分"。西方中心主义的文化霸权理论，采用二分法原则，把世界分成"中心"和"边缘"，西方是进步的力量，是创新和启蒙思想的载体，西方在推动世界"其余部分"进步。在第二次世界大战之后自由世界秩序和西方话语的构建过程中，美国起到了关键的作用，特别是美国的军事力量。西方世界在自由秩序构建过程中，特别突出地强调了自由、民主、美国理想等"合法性"一面，"强调西方机构、所有权和文化吸引力等因素，而有意回避军事力量在当今世界秩序创建和维持过程中的作用"③。

如罗兰·罗伯逊（Roland Robertson）所说，全球化的实质是"西方现代性观念在世界范围内扩散的历史进程"④。全球化的一个显著特征就是全球化的主导话语体系是自由国际主义的国际霸权。市场经济、多党竞争的社会治理模式被说成是人类发展的终极模式和普遍价值，与其条条框框不符的所有其他治理模式，统统被打上愚昧落后专制的标签，都没有存在的合法性。

---

① Charles Kupchan, No One's World: The West, The Rising Rest, and The Coming Global Turn, NY: Oxford University Press, 2013, p. 78.

② Graham Allison, The Thucydides Trap: Are the U. S. and China Headed for War? The Atlantic, 2015 年 9 月 24 日，见 http://www.theatlantic.com/inteternational/archive/2015/09/。

③ Oliver Stuenkel, Post Western World, UK: Polity Press, 2016, p. 3

④ Roland Robertson, "Globalization: time-space and Homogeneity-Heterogeneity", in Global Modernities, Featherstone, Lash & Robertson（eds.），London: SAGE, 1995, p. 25.

进入 21 世纪以来，以中国为代表的世界"其余部分"的崛起，如俄罗斯、巴西、印度以及南非等金砖国家逐渐在国际舞台上扮演越来越重要的角色，美国霸权衰落，世界多极化成为不可逆转的趋势，西方的话语霸权也受到越来越多的挑战。随着权力由西方向东方的转移，自由国际主义的话语霸权将被打破，人类命运共同体理念将获得越来越广泛的国际共识。全球化时代，西方的政治领袖和学术精英把西方的治理模式看作世界唯一的、终极的治理模式，但实际上，因为历史发展阶段的不同、政治经济文化的发展不平衡，每个国家应该找到最适合自己的发展道路和治理模式。"世界上没有两片完全相同的树叶"。社会因包容而丰富，文明因多样而精彩。世界上没有放之四海而皆准的发展道路和保障模式。不同国家、文明和族群之间应平等交流，相互借鉴，取长补短，共同进步。各方应尊重他国人民自主选择的发展道路，坚持建设性对话，妥善处理分歧，共同寻求经济社会发展有效途径。①

第三节　冷战思维是当今世界的最大威胁

2020 年 2 月 3 日，美国主流媒体《华尔街日报》刊发了一篇题为"中国是真正的亚洲病夫"（China is the Real Sick Man of Asia）的文章，引发了国际舆论的批评和海内外华人的抗议。这篇文章，即使按美国自认为"政治正确"的标准来衡量，也已经突破了种族歧视和对公共卫生事件幸灾乐祸的底线。但这样的文章竟然出自美国主流智库哈德逊研究所的学者之手，堂而皇之地刊登在美国主流媒体上，说明这绝不是一个偶然现象，而是代表了美国政界、学术界和传媒界的思想状态，说明美国对中国的政治制度偏见、意识形态偏见、经济政策偏见、

———————————

① 文春英、薛傲宇：《亲仁善邻、协和万邦：全球疫情中的亚洲文化共同体》，2020 年 4 月 1 日，见 https：//icsf. cuc. edu. cn/2020/0922/c5607a173238/page. htm。

文化偏见、学术偏见、媒介偏见充斥美国的"精英"阶层。美国已经成为世界上对中国偏见最大最深的国家，对华偏见已经左右了美国政治。这种偏见不仅会把中美关系引向深渊，还可能加剧国际社会的撕裂，对人类发展造成灾难性后果。我们应当正视偏见的大量存在，充分估计偏见的严重性，做好应对偏见引发的疯狂举动的最坏打算和应对措施，同时，积极化解偏见，增进对话，消除偏见对人类社会发展的潜在威胁。

一、政治制度与意识形态偏见

美国之所以把中国作为"头号敌人"，很大程度上是因为许多美国的政治人物仍然沿袭冷战思维，把政治制度和意识形态当作划分敌我两大阵营的首要标准。他们抱着这样的三段论逻辑：世界上只有资本主义制度是最好的制度，共产主义是"邪恶"的，注定要失败；中国是共产主义国家；所以，中国是"邪恶"的，中国必定要失败。美国的政治领袖们以此为遏制中国的理由，做出一系列有损中美两国人民利益和世界利益的举动。

世界各国历史传统不同，文化各异，经济社会发展阶段不一样，每个国家都有权力根据自己的国情选择适合自己的发展道路。衡量一个国家的政治制度是不是合理，最重要的标准是这个制度能不能给这个国家的人民带来福祉，能不能对世界和平与发展带来贡献。在中国共产党的领导下，中国实现经济跨越式增长，在短时间内成为世界第二大经济体并保持着持续向好的势头，中国目前对世界经济的贡献率达到30%，"一带一路"倡议带来了亚洲基础设施的改善和经济的发展繁荣，中国倡导推动构建人类命运共同体，为世界和平与发展做出积极贡献，这一切都证明中国道路的合理性。

二、经济政策偏见

冷战结束之后的经济全球化是西方推动的。资本主义跨国集团公司在全球范围内畅通无阻，凭借雄厚的资本实力、领先的技术水平、先进的管理经验、多样化的营销手段以及制定游戏规则的先发优势，在国际市场上获得了垄断性的市场地位和丰厚甚至超额的利润。被称为微笑曲线的价值理论认为，处于价值链前端的研发设计获取的价值最丰厚，处于价值链尾端的发行销售具有巨大的获利空间，处于价值链中端的制造生产环节不仅污染环境浪费资源，而且获利甚微。跨国集团把研发部门留在国内，纷纷把生产制造环节转移到劳动力和原材料价格低廉的发展中国家，导致发达国家内部的制造业空心化，同时客观上给发展中国家带来了制造业发展的机会。中国实行改革开放政策，承接了发达国家跨国企业的部分产能，发挥中华民族吃苦耐劳、自强不息的精神，以经济建设为中心，取得了举世瞩目的经济成就。20 世纪 90 年代，全球贸易的增长速度是全球经济增长速度的两倍以上。自由贸易理论为越来越多的国家所接受，关税大幅下降，运输成本也降到了历史最低水平。与此同时，由于跨国集团为了追逐利益最大化，把工厂迁移到发展中国家，造成了发达国家内部产业工人失业现象严重，国内阶级矛盾加剧。曾任世界银行首席经济学家的布兰科·米拉诺维奇（Branko Milanovic）在《全球不平等：全球化时代的一种新方式》一书中绘制出 1988 ~ 2011 年间全球收入的分布图，开创性地揭示了这一轮全球化以来的不满者——高收入国家的中低产阶级——在 20 余年以来遭遇了实际收入停滞不前的困境。由于形似大象，又被热议者取名为"大象图表"。可以看出，美国国内的工厂外移、失业增加、收入下降以及由此造成的区域发展失衡，完全是经济全球化的"后坐力"造成的。美国有些政治家看到了这一点，比如美国前总统奥巴马曾指出，全球化带来了一些副作用，需要进行线路调整。而特朗普及其幕僚硬说是中国偷走了美国的工厂，造成了美国工人失业，除了政治上要把美国的国内问题甩锅给中国之外，他们在认识上也受到偏见的影响。

三、种族与文化偏见

1993 年《外交》杂志夏季号发表了哈佛大学著名教授塞缪尔·亨廷顿（Samuel Huntington）的《文明的冲突？》（The Clash of Civilization?）一文，引起学术界广泛而激烈的争鸣。1996 年，亨廷顿在出版的《文明冲突和世界秩序重建》一书中系统地提出了"文明冲突论"。文明冲突论往往和文化优越论、文明优越论，甚至种族优越论联系在一起。美国人认为自己是建立在山巅上的城市，是值得全世界仰望的地方。美国政治精英们认为美国的意识形态是全世界最好的，第二次世界大战之后，美国的外交政策以"推广民生"为核心，由西方推动的全球化绝不仅仅是经济全球化，而是包括意识形态、文化在内的西方化。美国社会学家帕森斯认为，有些文化是适合经济发展的，有些文化是不适合甚至阻碍经济发展的。因此，应当把适合经济发展的文化横向移植到那些文化落后的国家，先进行文化的同化，再引发那个民族的经济发展。

美国对中国的文化偏见是和政治偏见紧密联系在一起的。1990 年，美国哈佛大学教授约瑟夫·奈（Joseph Nye）提出"软实力"学说，在国际范围内引起了广泛关注。之后，各国政府也都提出了发展自己国家软实力的举措。中国从 21 世纪初开始倡导文化走出去，期待中国文化与世界有更多更好的交流。但不论是孔子学院这样的语言文化培训机构，还是新华社、CGTN 这样的中国媒体，甚至海外中国文化中心这样纯粹的文化交流场所，都遭到了美国的抵制。2020 年，美国国务院将中央电视台、新华社等 5 家中国媒体在美分支机构定义为"外国使团"。这一切都证明，美国始终用有色眼镜看待中国并最终拉扯到"民主"的问题上来。

文化交往是指不同文化在不同的地域、不同的人群中进行交流而相互影响、相互作用的过程，在这个过程中，不同的文化彼此之间相互冲突、相互适应、相互学习、相互促进，从而吸取彼此的精华，共同促进人类社会的进步。要尊重世界文明多样性，以文明交流超越文明隔阂、以文明互鉴超越文明冲突、以文明共存超越文明优越。这"三个超越"，应当成为中外文化交流融合的共同原则。

四、偏见会给人类带来灾难

美国创建并主导了第二次世界大战之后的自由国际主义世界秩序。美国主导的战后世界秩序以自由主义政治价值观为核心，以北约、世界银行、国际货币基金组织、联合国、国际贸易协定等一系列国际组织和机制为支撑。基辛格（Henry Kissinger）在《世界秩序》一书中指出，美国是这个世界秩序的最大受益者，维护这个世界秩序比局部的经济利益对美国更重要。美国认为其价值观和政治制度是世界上最好的，应当向全世界推广，如果遇到阻力，可以动用武力。民主是美国最大的利益，因为"只有让民主安全，美国才安全"。在这一世界观支配下，美国向伊拉克、叙利亚发动战争。二战之后，美国以"民主"的名义向世界发动七场主要侵略战争。正如美国芝加哥大学约翰·米尔斯海默（John Mearsheimer）教授所指出的，这七次战争多数都给世界带来了灾难。今天，美国对中国的态度仍然沿袭了这一思维惯性。美国当初支持中国加入世贸组织，动机是希望中国发展市场经济，继而实行和美国一样的政治体制，在经济政治上跟着美国跑，变成世界秩序的一个棋子。中国抓住了全球化提供的经济发展机会，经济上迅速崛起，但并没有在政治、意识形态和文化上按照美国设计的轨道发展。这让美国政治精英们感到中国成了美国的异己力量甚至敌对势力，所以要对中国进行全面的遏制、脱钩、封锁。

如果通过技术封锁、贸易战、南海军事威胁、意识形态攻击等这些手段仍然不能遏制中国，接下来该会怎样？基辛格告诫世人，冷战让世界站到了战争的山脚下。如果美中不能管控好分歧，世界将会爆发灾难性战争。新的形势下，中美两国之间的关系应有新的诠释，为了双方的共同利益，应正确看待分歧，加强对话与合作，努力把负面影响降到最低。他表示，假如美国和中国变得非常敌对，这是无法想象的结果。"如果允许冲突不受限制地进行，后果可能会比欧洲还要糟糕。第一次世界大战爆发是因为无法掌控相对较小的危机。"

2021年1月20日，特朗普下台，拜登（Joe Biden）就职。但美国政客和精英对中国对偏见并不会即刻消失。新任国务卿安东尼·布林肯（Antony Blinken）等内阁成员在国会答辩陈述中，都把中国当作美国的最大挑战。内阁候选人的言论和思想仍然突出体现了对中国一致的批判态度。

第四节　中美应为人类命运共同担当

当今世界正面临百年未有之大变局。世界多极化、经济全球化、社会信息化和文化多样化正在成为现实。如果在这种世界大势面前，美国的政治精英们还抱着20世纪50年代西方构筑的世界发展格局的印象来规划世界，"民主"将失去本来的意义而成为他们的借口和偏见的来源。基辛格认为，民主的真正含义很难界定，不同国家、不同阶段对民主有不同的解读。中国拥有数千年历史，有强大的调整适应能力，对民主的看法与美国人不同。美对华政策首要目标应该是保持两国关系和平稳定，而不是寻求改变中国的政治体制，在中国推行美式民主。美国不可能解决世界上所有的问题，关键是要解决好自己的问题。美中两国应当对"世界发展演进模式的丰富性达成基本共识"。中美关系是21世纪"起到决定性作用"的大国关系，中美两国应该携手共进，共同促进和平与人类发展。

2019年11月22日，习近平主席在人民大会堂会见美国前国务卿基辛格，赞赏基辛格博士多年来为促进中美两个伟大国家关系发展投入的真挚感情和作出的积极努力。习近平主席指出，当前中美关系正处在关键当口，面临一些困难和挑战。中国传统文化注重和而不同，讲究纲举目张。中美双方应该就战略性问题加强沟通，避免误解误判，增进相互了解。双方应该从两国人民和世界人民根本利益出发，相互尊重，求同存异，合作共赢，推动中美关系朝着正确方向向前发展。①

世界各国都有权利根据自己国家的发展状况和发展阶段选择自己的发展道路。国际社会应当在相互尊重的基础上，开展务实友好的合作，实现双赢多赢；在求同存异的前提下，开展文明交流对话，增进互相理解。中国不想推翻现有世

---

① 《习近平会见美国前国务卿基辛格》，《人民日报》2019年11月23日。

界格局，也不输出中国模式。中国的"一带一路"倡议，遵循共商、共建、共享的原则，是一个开放包容的机制。在全球经济增长乏力、应对全球气候变暖、反对恐怖袭击、抑制毒品泛滥、反洗钱行动，特别是当下新冠肺炎疫情防控等方面，人类社会已经成为一个命运共同体。作为世界上最有影响力的大国，中美两国之间的关系将是 21 世纪"起到决定性作用"的大国关系，中美两国应该携手共进，共同促进和平与人类发展。

应当看到，中美两国经济有着很大的互补性，中美两国人民之间的友好往来从未间断。尽管遇到种种困难，两国各领域交流合作仍持续推进。2020 年，中美新增友好城市 4 对，两国友好省州、友城已分别达 50 对和 231 对。美中贸易全国委员会 2020 年度《中国商业环境调查》报告显示，91% 的受访美国企业表示 2020 年在中国市场仍保持盈利，87% 的企业表示不会撤离中国。中美经贸合作逆势增长，2020 年中美货物贸易额为 5800 多亿美元，同比增长超过 8%，其中中国自美国进口 1300 多亿美元，同比增长近 10%。

得益于对疫情的成功应对，2020 年中国国内生产总值增长 2.3%，成为唯一实现正增长的大型经济体。2020 年中国的外国直接投资首次超过美国，成为世界上最大的外国投资目的地。联合国贸发会议报告显示，2020 年美国外国直接投资断崖式下跌，同比降幅达 49%，降至 1340 亿美元。形成对比的是，2020 年中国外国直接投资流量同比增长 4%，达到 1630 亿美元。虽然新冠肺炎疫情是造成美国外国直接投资下降的直接原因，但实际上在 2020 年之前的几年中，外国企业对美国的直接投资已经开始下降，这与时任总统特朗普对美国优先政策的推行有着直接关系。

过去 40 多年的实践证明，改革开放是互利共赢的，不仅有利于中国，也有利于美国、有利于世界。2017 年 1 月 17 日，习近平主席在世界经济论坛 2017 年年会上指出，中国的发展是世界的机遇，中国是经济全球化的受益者，更是贡献者。① 2021 年 1 月 25 日，习近平主席在世界经济论坛"达沃斯议程"对话会上指出："中国将继续实施互利共赢的开放战略。经济全球化是社会生产力发展的客观要求和科技进步的必然结果，利用疫情搞'去全球化'、搞封闭脱钩，不符合任何一方利益。中国始终支持经济全球化，坚定实施对外开放基本国策。中国将继续促进贸易和投资自由化便利化，维护全球产业链供应链顺畅稳定，推进高质量共建'一带一路'。中国将着力推动规则、规制、管理、标准等制度型开放，持续打造市场化、法治化、国际化营商环境，发挥超大市场优势和内需潜力，为各国合作提供更多机遇，为世界经济复苏和增长注入更多动力。"② 习近平主席的重要讲话，向世界传递出中国致力于持续深化改革、扩大高水平对外开放的积极信号，也彰显了中国与各国一道实现共同发展的坚定承诺。

---

① 习近平：《共担时代责任　共促全球发展——在世界经济论坛 2017 年年会开幕式上的主旨演讲》，《人民日报》2017 年 1 月 18 日。

② 习近平：《让多边主义的火炬照亮人类前行之路——在世界经济论坛"达沃斯议程"对话会上的特别致辞》，《人民日报》2021 年 1 月 26 日。

| 第二章 |

危机与合作：全球经济的安全与挑战

随着新冠肺炎疫情在全球的蔓延，世界经济也是波诡云涌。在此之前所建立的基于竞争与合作的全球贸易市场正经历着前所未有的考验。世界各国一方面要忙于应对病毒所带来的公共卫生安全危机，另一方面又要避免疫情期间涌现的大量贸易阻断、工厂停产、人员失业等经济问题。2020 年全球经济在新冠肺炎疫情中面临巨大挑战，让人不禁要问：席卷全球的大萧条要来了吗，全球经济格局要大变天了吗，这一切真的是疫情所致吗？

第一节　国际经济发展中的合作与竞争

一、整体合作、局部竞争的全球经济格局

总体看来，国际经济发展中的全球化先后经历了殖民地方式下的全球化、二战后西方发达国家跨国公司主导的全球化、发展中国家不断崛起的新全球化三个阶段。在此过程中，逐渐形成整体合作、局部竞争的全球经济格局。

行业方面，全球经济整体合作趋势明显，继续由货物贸易向服务贸易深化。世界经济脱实向虚的特征，充分预示着国际经济增长动能结构的转变。最大的困

境在于，旧动能逐渐消失，而接力的新动能尚未全面接续①。在进入全球化的第三阶段之前或在第三阶段全球化初期，国际经济增长很大程度上得益于以电子信息技术生产为特征的国际贸易增长。这一段时间，世界各国围绕工业技术革命的成果各司其职，充分发挥各自的比较优势，在彼此的贸易中获得收益，是快速增长的时期。2008 年全球金融危机之后，美国等发达国家为走出危机采取再工业化等一系列贸易保护措施，打破了全球化的格局，加之发展中国家自身的发展，其在参与世界贸易中角色的改变，以及互联网、大数据、人工智能等新一代技术成果的涌现，新的生产方式呼之欲出。而在此之前，世界经济合作方式将变未变，正经历着新旧动能转换的阵痛。

全球制造业生产疲软，增速减缓。从全球石油需求来看，整体需求呈现下行趋势，反映出工业生产的动力不足。不管是美国、欧洲还是中国，制造业都呈现出相对疲软的态势。吉塔·戈平纳斯（Gita Gopinath）将此归因于政策的不确定和中美贸易影响下汽车行业的低迷，认为整个汽车行业都处在一个周期的底部，对全球经济产生很大影响。② 而大部分发达国家的去工业化进一步加剧了这一趋势的形成。

中国作为世界第一大贸易体，贸易方式和贸易结构逐渐优化，国内经济开始迈入高质量发展阶段。第三阶段全球化之前，中国的国际贸易主要以加工贸易为主。2011 年，中国一般贸易在出口总额中占比 48.3%，首次超过加工贸易，标志着中国国内生产方式、行业结构和贸易结构的转变。近年来，加工贸易出口额在中国出口占比中逐步降低，代之以技术和资本密集型产品。如 2018 年，中国高新技术产品和机电产品的出口份额分别达到 29.9% 和 58.6%。③ 在国际贸易中，为了维护本国利益，发达国家极力推进世界各国服务贸易市场的自由化，在规则制定的过程中重点关注服务贸易和金融业等领域，要求发展中国家开放本国

---

① 徐康宁：《当代世界经济重大变革的政治经济学分析》，《江海学刊》2020 年第 1 期。
② ［美］吉塔·戈平纳斯：《全球经济展望：贸易问题和新兴市场的政策挑战》，《清华金融评论》2019 年第 10 期。
③ 王跃生、林雪芬：《中美经贸摩擦的五个层次》，《中国流通经济》2020 年第 1 期。

的电信、金融等服务市场。加之新一轮的科技进步对现代服务业的影响远远大于加工制造业，世界经济有进一步脱实向虚的趋势。

地域方面，呈现出不同程度的竞争与合作的分化。美国继续推行单边主义和贸易保护主义政策，2018 年年底，美国联合加拿大、墨西哥共同签署"美国—墨西哥—加拿大协定"（USMCA），标志着美国完成了北美经济板块经贸规则的重新整合，该协定实质上是 TPP 的核心条款卷土重来，尤其是其中的"毒丸条款"（该条款实际上禁止缔约国与"非市场经济国家"达成自贸协议）具有非常强的贸易排他性，区域贸易保护主义可见一斑。

2020 年，中美贸易摩擦一度升温。在发起对中国部分企业的光伏电池片及其下游产品 337 调查的同时，美国政府宣布自 2019 年 5 月 10 日起，将对从中国进口的 2000 亿美元清单商品加征的关税税率提高到 25%。中国方面也决定自 2019 年 6 月 1 日起对原产于美国的 1673 个进口商品加征 5% 或 20% 的关税税率。3 个月后，美国政府再次对自中国进口的约 3000 亿美元商品分两批加征 10% 关税，中国则分两批对原产于美国的 5078 个税目、约 750 亿美元商品加征 10% 和 5% 的不等关税。不仅是针对中国，美国还将贸易战火引到了欧洲，其中重点指责欧盟对空客的补贴在贸易中对美国造成了伤害，美国决定对欧盟实施一份总价值 110 亿美元的初步关税报复清单，对此，欧盟委员会也提出寻求对价值 120 亿美元的美国出口产品征收惩罚性关税的决定。[①] 过去一段时间以来，全球经贸合作大势中的局部摩擦从未间断，世界各国在面临外部贸易针对时无一例外地采取了不同程度的针锋相对措施。

中国作为世界第二大经济体，正在以更加开放的姿态融入世界。自 2001 年加入世界贸易组织以来，中国一直积极地参与全球经济贸易活动。近年来，中国继续加大改革开放的力度，加强与世界各国的贸易往来，先后倡导成立亚洲基础设施投资银行，提出"一带一路"倡议，为促进亚洲区域的建设互联互通和经

---

① 毕夫：《世界经济 2019 年主线追踪与 2020 年趋势预测》，《对外经贸实务》2020 年第 1 期。

济一体化，加强"一带一路"沿线国家和地区的文化交流与经济往来，贡献智慧和力量，促进了区域合作，巩固了经济全球化的成果。

随着近年来发展中国家经济的追赶和趋同，发达经济体主导的全球化格局正逐渐被打破。从金砖国家概念的提出到金砖合作的实现，金砖国家合作机制已经成为最重要的国际多边合作机制之一。金砖国家共同实施在财政、经贸、科技、卫生、农业、人文等领域的部长级对话机制，开启了"金砖＋"模式，逐步进入深化合作的新阶段。2015 年至 2018 年，金砖国家共举行了四次峰会，在此期间巩固扩大在经济领域的合作，不断延伸议题领域、开展全方位多领域的合作，完善合作机制、实现机制化稳定化发展，扮演着发展中国家和新兴经济体利益代言人的角色①，为发展中国家参与全球化，分享全球化红利提供了新样板。

2018 年 3 月，非洲 44 个国家签署成立自由贸易区——非洲大陆自由贸易区（AfCFTA）。这一全球最大自贸区为深化非洲经济一体化，尤其是整合非洲市场与工业和基础设施、解决非洲生产能力问题提供平台；在"东盟 10 ＋ 3"基础上，吸收印度、澳大利亚和新西兰成立"东盟 10 ＋ 6"，即东亚峰会，作为东亚地区一个新的合作形式，致力于推动东亚一体化进程、实现东亚共同体目标；东盟 10 国和中国、日本、韩国、澳大利亚、新西兰共 15 个亚太国家正式签署了区域全面经济伙伴关系协定（RCEP），形成当前世界上人口最多、经贸规模最大、最具发展潜力的自由贸易区等。局部区域经贸合作方兴未艾，呈现出以发展中国家积极参与的多元并蓄、更包容更平等为特征的经济全球化格局，传统的"中心—外围"世界经济格局正经受挑战。

二、产业价值链分工不平衡

长期以来，大国主导下的"中心—外围"世界经济发展模式导致全球产业价值链分工不平等、不平衡。这一不平等和不平衡性表现在西欧、日本、加拿大

---

① 张立、王学人：《全球经济治理中的金砖合作：进展、动因与前景》，《印度洋经济体研究》2019 年第 5 期。

等发达经济体依靠自身经济发展水平和高科技产业上的比较优势，紧靠美国共同组成世界经济中心，并在全球产业分工中占据设计、研发、营销等具有高附加值的价值链两端，而外围国家和地区工业基础较弱，资金匮乏，在接受中心发达国家的加工外包基础上逐渐建立起初步的工业生产体系，在全球产业价值链分工中承担一些附加值低的基础制造或加工服务。长此以往，在世界范围内产生明显的财富分配不平衡，南北差异较大。

国际产业价值链的分工差异，体现出不同国家和地区之间发展水平的差异。发达国家已经陆续进入后工业化阶段，国内产业去工业化特征明显，服务业增加值占国内生产总值比重平均超过70%[1]，产业空心化问题严重。而以中国为代表的发展中国家，即前述的众多"外围"国家，逐渐进入工业化时代，国内工业经济十分繁荣，强大的工业生产体系为国民提供了丰富的就业机会的同时，所创造的财富也增加了国内经济的抗风险能力，为科技研发提供了支撑。正如毛蕴诗[2]在《重构全球价值链——中国企业升级理论与实践》一书中提到的，价值链的环节细分和分工深入过程势必引发全球经济组合合作的网络一体化重构。书中特别提到了三种新兴经济体或后进经济体企业升级转型的路径，如中国台湾地区半导体企业高级代工之路，韩国"引进—模仿—改进—创新"之路和新加坡政府主导的升级之路等。

进入21世纪以后，新兴经济体在世界经济发展中的角色越来越重要，表现在两个方面：一是产业体系的完善；二是科技创新能力的提升。以中国为代表的新兴经济体在全球化的过程中，逐步进行国内产业结构优化调整，逐渐形成完整的产业价值链，在制造业等产业方面具有相当明显的比较优势。在工业反哺科技的作用下，科技创新能力得到显著提升，下一步急需更大范围地参与全球经济发展，逐渐向全球产业价值链高端部分攀升，新兴经济体与长期处于价值链高端的

---

① 夏杰长：《世界经济格局变迁背景下的服务业发展与开放》，《科学与现代化》2017年第3期。

② 毛蕴诗：《重构全球价值链——中国企业升级理论与实践》，清华大学出版社2017年版，第286页。

发达经济体之间的矛盾日益加深。

换言之，发达经济体主导下的经济全球化的发展大势离不开全球价值链的考量。不论是服务贸易总协定（General Agreement on Trade in Services，以下简称GATS），还是与国际贸易相关的知识产权协定（Agreement on Trade – Related Aspects of Intellectual Property Rights，以下简称TRIPS）等国际贸易规则，他们所强调的普遍贸易自由，主要目标还是推动目标国市场的开放，而其中的侧重点则随着本国经济发展需要而变化，目的是为了继续占据国际产业价值链的高端，获取高额产业附加值。这样的全球化的出发点是不平等、不平衡的，随着时间的推移，贸易保护倾向便逐渐显现。尤其在移动互联技术的高速发展背景下，经济全球化进一步深化，国家之间各项产业交易密切，价值链、产业链逐渐融为一体[1]。种种迹象表明，以美国为代表的传统国际经济秩序已经逐渐式微，世界经济发展急需打破不平等、不平衡的发展格局，逐渐向平等包容、互利共赢的可持续方向演变。在此导向下，全球价值链正面临着整合和重塑。

三、全球经济增长乏力

近年来，国际贸易市场表现不佳，贸易水平与投资水平增长趋缓。一个很重要的原因在于各国的贸易保护倾向不断提升，贸易促进政策措施不断减少。例如，中美两个超级大国的贸易摩擦打击了国际贸易的信心，削弱了投资和就业。正如戈尔奥基耶娃指出的，贸易摩擦造成的直接经济损失高达近7000亿美元，占全球国内生产总值的8%[2]。国际货币基金组织于2019年10月发布的《世界经济展望报告》指出，2019年全球经济增速从3.7%降至3%[3]。

---

① 王跃生、林雪芬：《中美经贸摩擦的五个层次》，《中国流通经济》2020年第1期。

② 《IMF总裁：预料贸易战致明年全球损失7千亿美元》，见 http://v.ifeng.com/c/7sA1C16FLew。

③ IMF, World Economic Outlook: Global Manufacturing Downturn, Rising Trade Barriers, 见 https://www.imf.org/~/media/Files/Publications/WEO/2019/October/English/text.ashx? la = en。

欧洲方面，受 2009 欧债危机的影响，德国、意大利、希腊、西班牙等主要欧盟国家的债务问题仍较严重，再次爆发欧债危机的可能性仍然存在。如图 2-1 所示，2018—2019 年整个欧盟国家的债务均高于 GDP。除了俄罗斯以外，其余主要欧洲国家债务水平均高于 GDP，其中英国、法国和希腊债务问题尤为严重，2019 年占其 GDP 比重分别为 301.9%、216.3%、236.5%。

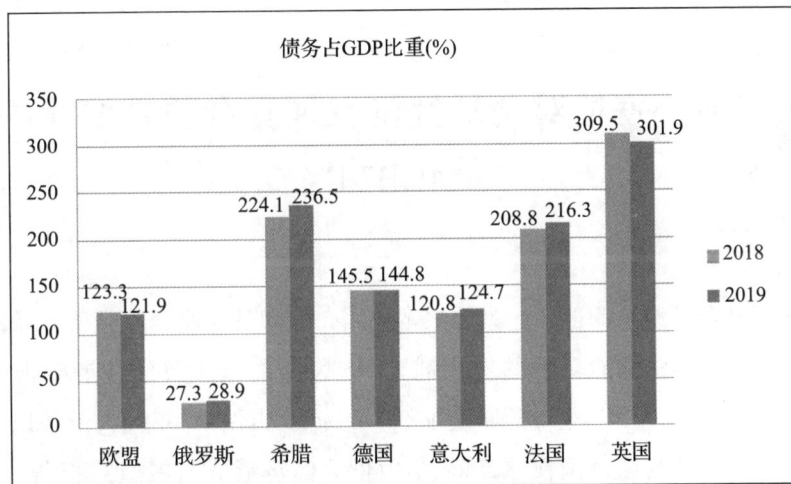

图 2-1　欧洲国家和地区债务情况

（根据 ECIC 数据整理绘制）

通俗地讲，一个经济实体面临巨额负债或债务，而又没有足够的净资产和收入来偿还，那么它只能削减开支，甚至违约。同时，对于债权国而言，他国的债务是其资产，债务违约必然会减少其他经济实体的资产，迫使债权国也减少开支，从而导致债务下降和经济收缩。

中美贸易摩擦让两国直接损失了彼此的市场份额。美国针对中国具有比较优势的出口领域的一系列限制措施，反映出中美经济竞争的激烈程度。美国通过限制中国的出口，促进国内生产，同时将进口转向中国以外其他国家。2019 年上半年与 2018 年同期相比，向美国出口商品的国家中，中国的份额减少，欧盟、墨西哥、日本等国家和地区的份额增加，贸易发生转移。贸易摩擦还影响到两国的高科技领域，如美国将中国的华为列入"实体名单"等。

事实上，在疫情发生之前，全球经济发展就已经面临着诸多不确定因素。以美国为代表的发达经济体的贸易保护、中美贸易摩擦和英国脱欧为代表的不确定因素愈演愈烈，全球格局深刻调整，地区热点问题此起彼伏，恐怖主义、网络安全、重大传染性疾病、气候变化等非传统安全威胁持续蔓延，包括经济贸易关系在内的大国关系进入分化重组新拐点。

第二节　疫情对全球经济发展竞合关系演化的催化作用

疫情不是全球经济低迷、趋紧的根本原因，但却是加速全球经济萧条的导火索，是逼迫全球经济动能转型的催化剂。IMF 发布的《世界经济展望报告》指出，受疫情冲击，2020 年全球经济萎缩 3%，为 20 世纪 30 年代大萧条以来最严重的经济衰退。这与联合国在《2020 年中世界经济形势与展望》报告指出的，在大规模毁灭性流行疾病肆虐背景下，2020 年世界经济将萎缩 3.2% 的判断一致。这并不是危言耸听，WTO 于 2020 年 4 月 8 日发布的贸易统计报告称，疫情将导致 2020 年全球商品贸易总额大幅下跌，跌幅高达 13% ~32%。

一、疫情对各国经济发展的短期冲击

根据联合国报告，新冠肺炎病毒大流行已经使全球大部分地区的经济瘫痪，经济活动受到严重限制，不确定性增加。几个月间，疫情几乎遍布全球，大多数国家都采取隔离在家、保持社交距离的方式来控制病毒的传播。这导致全球范围内企业停产、人民失业等经济问题，预计 2020 年和 2021 年产出将损失 8.5 万亿美元（见图 2-2）。

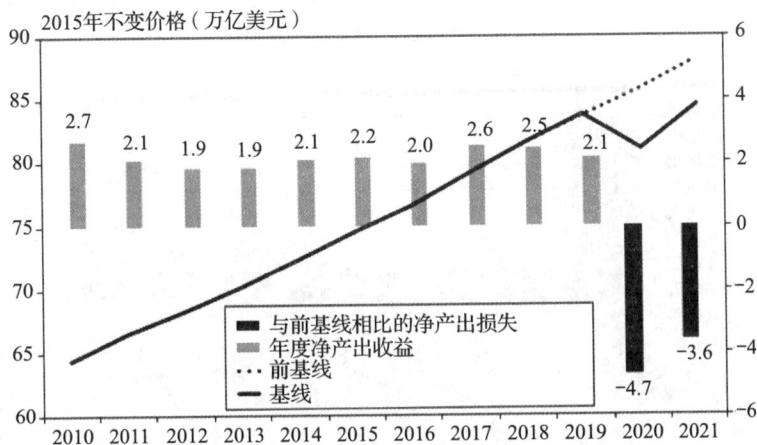

图 2 - 2 全球生产总值变化（2010 - 2021）

（图源：联合国《2020 年中世界经济形势与发展》报告）

就中国而言，疫情对经济的短期冲击是无法避免的。总体来看，疫情的发生使得中国 2020 年第一季度的经济增速放缓。一季度五大国有商业银行新增普惠型小微企业贷款达 2400 亿元，同比增加 750 亿元；普惠小微贷款利率为 4.4%，比 2019 年全年的平均值下降了 0.3 个百分点。首先，疫情降低了人们春节假期的消费需求，传统的餐饮、旅游等线下消费明显受挫，但网上消费和娱乐相对活跃，会抵消一部分不利影响。2020 年 1 月，全国居民消费价格同比上涨 5.4%，各类商品和服务价格同比变动如图 2 - 3。受疫情影响，食品烟酒涨幅最高，影响 CPI（居民消费价格指数）上涨约 4.52 个百分点。其次，许多企业被迫停止营业，订单被迫取消，投资相应减少。再次，由于疫情造成消费和投资增长趋缓，加上中美第一阶段经贸协议实施，中国进出口贸易将继续放缓。疫情发生后，一些国家采取了撤侨、限制入境和暂停航班往来等短期措施，出口贸易和外商直接投资（FDI）受到一定程度影响。节日期间很多人因疫情取消出境旅行计划，也导致我国服务贸易进口大幅度下降。

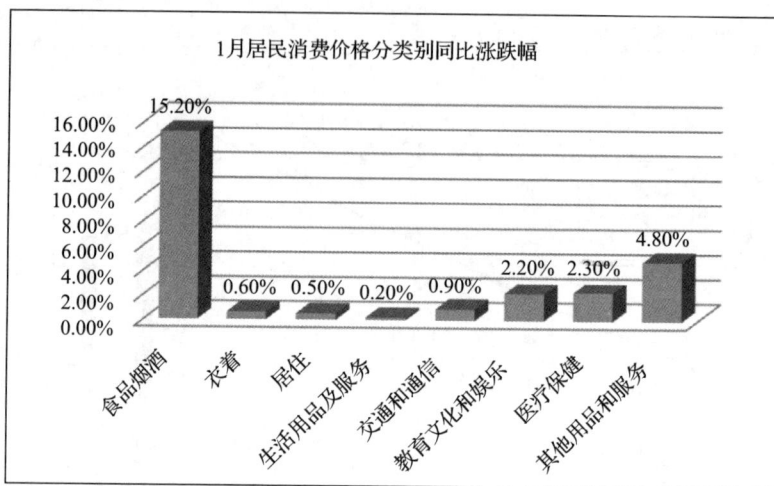

图 2 - 3　2020 年 1 月中国居民消费价格分类别同比涨跌幅

（根据中国国家统计局数据整理绘制）

　　具体来看，制造业是劳动密集型产业，疫情初期，大部分企业停工停产，复工后的用工较为紧张，疫情影响了生产的进度，生产增速放缓。2020 年 1 月中国制造业 PMI 指数为 50%，环比回落 0.2 个百分点，位于临界点。制造业的停滞将影响国内外相关产业链中上游企业的采购需求和下游企业的产品供给。旅游观光、住宿餐饮和文化演艺等服务行业受疫情影响较大。2019 年春节假期，全国零售和餐饮企业实现销售额 10050 亿元，全国旅游接待总人数 4.15 亿人次，实现旅游收入 5139 亿元。而疫情期间，各类聚餐宴席和大型文娱活动被取消，大量餐馆和主要景点停止营业。据不完全统计，2020 年 1 - 3 月，全国已取消或延期演出近 2 万场，直接票房损失超过 20 亿元。各大文艺院团、演出机构纷纷取消线下演出并对已购票的观众办理退票手续。交通运输业受疫情的影响严重。2020 年 1 月 24 日至 2 月 2 日，全国铁路、道路、水路、民航共发送旅客 1.9 亿人次，比 2019 年春运同期下降近 73%。人们出行计划的取消，加之民航局要求为旅客办理免费退票和各地采取的封路、隔离措施，给交通运输业带来较大影响。

　　国际方面，全球经济早已结成一个完整的链条，成为经济共同体。疫情让经济联系发生困难，使在这条产业链上的各个国家都受到损失，单方面的贸易保护只会造成全球产业链的隔断。中国作为全球第二大经济体，在全球经济分工中的作用非常重要。中国有 100 多种工业品的总产量位居世界第一，也是近 130 个国家和地区的最大贸易伙伴、全球最大的出境旅游市场，无论是美国的大豆、巴西的铁矿石、澳大利亚的龙虾都严重依赖中国市场，如果中国停止进口或者需求量下降，会对这些国家的产业造成重大冲击。亚洲其他国家方面，日韩等国经济体量较大，且以消费为主要经济增长驱动力；东南亚地区属于新兴经济体，经济增长更多地依靠投资驱动。日韩是仅次于中国的铁矿石进口大国，疫情对国际进出口贸易的影响，势必会抑制各国国内的经济生产和投资需求。2020 年 2 月，印尼、泰国、俄罗斯等国家的央行相继下调利率，积极应对疫情所带来的短期经济冲击。当疫情在西方国家蔓延之后，物资紧张的问题在这些国家浮出水面。比如，法国的口罩价格迅速上涨 8 倍，日本一盒 40 支的口罩价格飙升到 1.2 万人民币，美国的口罩和医疗物资价格上涨 5 倍以上，卫生纸在澳大利亚等国被抢购一空，其他防疫物资同样出现超过 30% 涨幅。同样有着众多人口的印度经历了最高失业潮，据印度经济监测中心（CMIE）数据显示，印度 2020 年 4 月失业率飙升至 23.52%，而疫情仍在进一步恶化，3 月莫迪政府紧急宣布的为期 21 天封城措施也被迫一延再延。

大洋彼岸的世界最大经济体美国更是不得不直面消极防疫所带来的困境。白宫经济顾问凯文·哈塞特（Kevin Hassett）表示，2020 年 4 月美国的失业率可能达到 16% 或更高，需要更多刺激措施以确保经济出现强劲反弹[1]。在此之前，美国政府已经采取了量化宽松的救市政策，为个人年收入在 7.5 万美元以下的成年人每人发放补助 1200 美元，17 岁以下儿童每人发放补助 500 美元；发放 3490 亿美元贷款用于小企业纾困，但对于疫情期间的美国经济而言，这些刺激政策也仅仅是杯水车薪，治标难治本。

---

[1] 《美国 4 月失业率或达 16% 多地开始"解封"》，见 https：//baijiahao. baidu. com/s？ id = 1665112644166552596&wfr = spider&for = pc，2020 年 4 月 28 日。

2020 年 3 月，美股市场相继触发了四次熔断。新冠肺炎疫情的全球暴发是这几次美股熔断的导火索。新冠肺炎疫情在全球的传播直接影响全球投资者的风险偏好，对输入性疫情的担忧令全球贸易承受了极大压力，全球确诊病例人数快速攀升，世界各国相继宣布进入紧急状态，这些风险信号加速了投资者的避险情绪的扩张。美联储的一系列紧急货币政策操作，揭露了美联储对疫情冲击的高度忧虑。

表 2－1　疫情期间历次美股触发熔断情况

时间	概况
2020 年 3 月 9 日	标普 500 指数开盘即告暴跌 7%，直接触发美股一级熔断机制暂停交易 15 分钟，熔断时道琼斯指数下挫 1884.88 点，纳斯达克指数下挫 588.18 点，截至成稿时标普 500 指数下跌 6.69%，道琼斯指数下跌 7.02%，纳斯达克指数下跌 5.92%。
2020 年 3 月 12 日	美股三大股指期货持续大跌，标普 500 指数期货、道琼斯 30 指数期货、纳斯达克 100 指数期货均跌超 5%，再度触发熔断。标普 500 指数期货跌 5.11%、道琼斯 30 指数期货跌 5.22%、纳斯达克 100 指数期货跌 5.02%。
2020 年 3 月 16 日	美股开盘即熔断，暂停交易 15 分钟后，三大指数跌幅迅速扩大。截至收盘，道琼斯指数收跌约 3000 点，跌近 13%，创 1987 年以来的最大单日跌幅。纳斯达克指数收跌 970.28 点，跌幅约为 12.3%；标普 500 收跌约 325 点，跌幅近 12%。
2020 年 3 月 18 日	标普 500 指数大跌 7% 触发熔断机制，暂停交易 15 分钟，道琼斯指数跌幅上涨 7.82%，纳斯达克指数跌超 6.3%。

（资料来源：作者搜集整理）

1862 年，法国经济学家克里门特·朱格拉（Clèment Juglar）提出市场经济存在着 8—10 年的周期波动，这种周期波动以设备更替和资本投资为主要驱动因素。设备更替与投资高峰期时，经济随之快速增长，设备投资完成后，经济也随之衰退。根据过去的经验，朱格拉经济周期最具有代表性，几乎每隔十年，世界就要面临一次全球经济危机。而每一次全球性的经济危机，无一例外地伴随着股市下跌、金融挤兑等普遍性特征。从 2008 年金融危机到 2011 年欧债危机，距离上一次全球范围内大的危机已经过去 10 年，加之这场弥漫全球的疫情的影响，全球经济增速放缓、增量收缩已成难以避免之势。

二、加速全球产业价值链转移

疫情面前，整个世界构成一个命运共同体。疫情不分国界，在这场抗疫阻击战中，我们深切感受到构建人类命运共同体的迫切需要和现实魅力。这场重大突发公共卫生事件加速了医疗卫生领域的全球合作，一笔笔捐赠纾困经济冲击，更寄托了全世界人民和一线医护人员风雨同心、共克时艰，携手守护健康美好生活的愿景和决心。欧美等国家和地区的疫情形成暴发之势后，对其国内医疗企业乃至医疗产品制造业提出了迫切的需求，加之疫情期间各行业停产停业所导致的失业影响，已经进入后工业化的欧美发达国家势必要重启工业化，加速再工业化进程。但是因此而判断将会出现逆全球化是不够全面的。尽管疫情期间，一些国家的跨国企业已经开始迁回其海外支出，包括厂房、设备、知识产权等，这些行为只是反映企业对当前全球疫情发展态势的不确定性的担忧。对于各国产业经济发展而言，短期内为应对疫情，医疗卫生、智能家居以及生活消费品行业及相关产业会迎来大幅增产，而为应对疫情后的经济复苏，将进行全球范围内的制造业重塑。疫情反而促使世界各国围绕智能装备制造业、移动通信产业等新型制造业展开合作。疫情期间线下供应链的减少，促进了全球线上供应链的增加。2020 年 4 月，阿里巴巴国际站发布的数据显示，平台交易总额同比增长 167%，其中卫生纸流量环比 2 月增长 79%，订单增长 295%，买家数增长 282%。[①]

尽管隔离措施对全球贸易产生了巨大的冲击，引致少数产业部门之间的技术脱钩，但还不至于引致全球产业价值链脱钩。首先，技术脱钩是疫情之前局部地

① 阿里巴巴：《三月新贸节收官，请查收成绩单》，见 https：//supplier. alibaba. com/con-tent/detail/1522111. htm？ &joinSource = mkt_ gw_ wmq_ top.

区贸易形势的延续，而并非疫情下显露出的新问题。如疫情期间美国商务部制定了"实体清单"，将中国33家实体企业加入清单，对其出口、再出口、境内转让进行限制，也不过是中美贸易摩擦的延续。2020年5月关于中美芯片产业的争端本质上由来已久，随着中国5G项目建设的开展而愈演愈烈，反映的仍然是21世纪以来中美两国在技术领域的贸易冲突。况且ICT行业分工细致，全球排名前十的半导体公司，现在只有20%的工厂在美国。从这个意义上看，技术脱钩也很难完全实现。其次，随着全球联合抗疫趋势的演进，紧密合作将在更大范围、更大部门之间展开。一方面，世界各国在疫情下的主要精力都放在保护人民健康安全方面，对此之前的技术竞争有所缓解，特别是在医疗卫生领域的全球合作反而增加；另一方面，疫情下地理空间的隔离阻碍不了科技研发的合作，互联网支持下的线上交流反而增多。为了快速走出经济下行的困境，世界各国必须重新审视各自的比较优势，采取取长补短的合作措施，进入"再平衡"的经济全球化。如疫情期间，华为、腾讯等多家中国企业向国外捐赠视屏会议系统和AI解决方案；联合国总部宣布腾讯公司成为全球合作伙伴，为联合国成立75周年提供全面技术方案，腾讯会议、企业微信为这场有史以来最大规模的全球对话提供远程会议服务，在线举办数千场会议活动。

换言之，全球贸易保护乃至贸易摩擦问题，无外乎是欧美发达国家在解决长期跨国公司主导下经济全球化所引致的国内产业空心化问题的无奈之举。实际上，欧美发达国家才是经济全球化的最大获益者。尤其是美元作为全球货币的地位，在国内经济表现低迷时可以肆无忌惮地采取量化宽松的货币政策，因为有全世界为其托底。2020年3月市场动荡之后，美联储迅速地让美国资产负债表上增加近2万亿美元。疫情期间的部分跨国公司逆全球化行为并不是对经济全球化的否定，而是世界各国在抗击疫情，迎接全球制造业重塑和新一轮经济全球化过渡时期的无奈之举。再者，以往的跨国公司大多是将低附加值的产品生产移至海外，对发展中国家而言，这些低附加值的产品生产减少，既为本国企业腾出空间，又迫使具有一定产业基础的本国企业产业升级。一旦新技术在全行业的应用得到普及，技术红利开始显现，新一轮的经济全球化便更加势不可挡。从这个意义上说，疫情自然地为世界各国创造了一个"苦修内功"的机会。

第三节　后疫情时代的全球经济发展方向

综上所述，新一轮全球化加速演变也好，受疫情影响被动转变也好，世界经济格局无可避免地将要经历一场新的变革。罗兰·贝格（Roland Berger）指出，全球化让世界变得更美好。① 新一轮的经济全球化仍然以让世界变得更好为终极目标，首先要完成重构世界经济地理秩序、谋划全球可持续发展路径的重要任务。

一、重构世界经济地理秩序：要素流动和产业转移

世界经济地理秩序的建立不是要简单地采取贸易保护措施，规避外部竞争，更不是无条件地自由开放，新一轮的经济全球化是为实现世界各国经济发展的规模效应、竞争效应、资本的集聚效应以及资源的配置效应，乃至促进各国经济增长服务。新一轮经济全球化下的世界经济地理秩序应当是构建地理分布上更广泛、产业发展上更充分、价值分配上更公平的经济秩序。

首先，在地理分布上突破传统的欧美发达国家主导的南北布局，跨越区域空间和文化的区隔，将经济全球化向全球纵深处推进。上一阶段的经济全球化在地理分布上存在明显的区域化、集团化特征。欧盟、北约、金砖五国等区域组织均是在区域经济合作的概念上演化而来，而全球化红利的分配和要素的流动在各个区域内、区域间均存在不平衡、不充分的问题。全球化的领导者或先行者始终最先关注国内的经济发展，体现在国际贸易的规则制定中，而全球化的跟随者也十

---

① ［德］罗兰·贝格：《"一带一路"为世界减贫做出重要贡献》，《中国报道》2019 年第 10 期。

分珍惜全球化的机会,在国际交流中奋力追赶,努力缩小各国的差距,除了自身资源禀赋的差异外,还面临着外部的压力。这就意味着,领导者和追随者之间从一开始就存在着对立的矛盾,且随着全球化的进一步深入推进,二者之间的矛盾越发激烈。新一轮的全球化首先应解决领导者和追随者之间的矛盾,将全球化向全世界纵深范围内推进,在规则制定中充分考虑各国发展现实,扩大全球开放合作的溢出效应。一个趋势或可行的路径是构建世界多极领导的全球化,以地理区域为单元,构建多组单元共存互动的世界地理秩序。

其次,要健全全球要素市场,提高智能现代化要素储备。在上一轮经济全球化中,全球要素市场自由流动并未完全实现,要素市场扭曲问题仍然比较严重。一方面,各国要素禀赋差异难以弥合;另一方面,在比较优势理论指导下,各国输入输出的要素资源具有不对称性。前者阻碍了全球范围内要素的自由流动,后者是世界各国在全球化中利润分配不均等的重要原因。从全球范围看,经济全球化中的产品市场化程度远超要素市场化程度。要素市场扭曲会导致资源错配,容易产生寻租问题,影响创新和生产效率。[1] 一直以来,中国劳动力数量充足、非技术工人数量庞大,随着人力资本水平的提升,劳动力整体结构趋于合理,中高端产业专业技术型人才储备日益充足。[2] 但在国际要素市场上,资本要素输出和引入还存在一定阻碍。从中国发展的经验看,新一轮的经济全球化应当加快要素市场化改革,利用技术革命的最新成果,加快增加智能生产要素储备,防止疫情后因少数发达国家的技术脱钩而产生的供应链断裂,在此基础上建立公平合理的全球要素定价机制,推动多国币种在国际贸易中的结算地位,弱化并消除行业垄断,促进全球要素的自由流动。

最后,优化全球产业布局,扩大参与全球价值链的深度。宏观经济中存在配第一克拉克定理,认为随着各国产业经济的发展,主导产业部门会从第一产业转

---

① 王江波、谭周令:《要素市场扭曲与出口企业的研发行为分析》,《国际商务:对外经济贸易大学学报》2019 年第 4 期。

② 李磊、徐大策:《融入全球价值链助推稳就业》,《中国社会科学报》2020 年 4 月 22 日。

向第二产业，再由第二产业转向第三产业。第二次世界大战以来，经济全球化的过程中至少经历了三次产业转移：20世纪50年代美国向日本、联邦德国的产业转移；20世纪六七十年代日本和联邦德国向"亚洲四小龙"的产业转移；20世纪八九十年代延续至今的发达国家向中国、印度等发展中国家的产业转移。① 这三次产业转移无不是低附加值、低技术含量产业的转移，"低端锁定"是经济全球化产业布局的最大特征。因此而出现的全球贫富差距扩大、产业空心化等问题日趋严重，同时以人工智能、新能源、虚拟现实等为代表的智能生产要素的出现，世界各国开始调整产业布局，寻找新的生产方式。美国先进制造业国家战略计划、德国工业4.0、英国制造2050等战略相继实施，制造业的一些跨国公司纷纷将海外制造基地迁回本土，都是所谓的"逆全球化"现象。甚至有学者指出，已经出现以中国为中心向发达和欠发达国家的双向转移。② 这些都意味着新一轮以全球产业结构调整为特征的经济全球化即将到来。新一轮的经济全球化将使全球产业分工进一步细化，发展中国家也将突破"低端锁定"，各个产业价值链的高附加值分工趋向更加明显，全球化的贸易往来将在价值链中高端处进行。

二、坚持可持续化发展路径

发展共赢经济。人文可持续视角下，世界各国在参与经济全球化过程中的互利共赢是新一轮全球经济合竞中能够取得长久平衡的唯一路径，也是全球经济可持续化发展的关键路径。发展共赢经济首先要制定普遍参与的对话协商机制，保证世界各国在经济全球化中的平等地位。逐渐摒除二战以来的文化偏见和国际壁垒，改变上一轮全球化中的掠夺性海外投资模式，充分考虑投资国的经济福利。其次要排除政治偏见，强化合作。这就要求各国重新审视自我发展比较优势和迫切诉求，新一轮经济全球化将是一个持续期更长，覆盖面更广的深度全球化，世

---

① 李敦瑞：《国内外产业转移对我国产业迈向全球产业价值链中高端的影响及对策》，《经济纵横》2018年第1期。

② 赵芸芸、乔标：《借力第五次全球产业转移促进中国制造新升级》，《机器人产业》2019年第2期。

界各国之间的贸易往来将更加频繁，任何一方的对抗都会引致其他国家的制裁，唯有共同合作才能存续更久。

发展绿色经济。生态可持续视角下，世界各国参与经济全球化过程中共同坚持绿色、低碳、环保、节能是新一轮全球经济合竞中能够获得长期增长的必然选择，也是全球经济可持续化发展的必要路径。绿色经济又叫生态经济，是为了实现经济发展和环境保护相协调而提出的资源节约型经济发展方式。疫情发生以来，人们更加清晰地认识到世界各国共同面临的资源短缺、生态环境恶化和经济与环境发展不平衡日益严重。正如曹野和杨红娟指出的，地球为人类提供的资源并不是无穷尽的，伴随着经济活动的出现，有效能量会有所减少并产生相应的熵废物，要求经济系统的增长不能超越生态系统的限制。[①] 在新一轮经济全球化中，尤其要引起全球范围内对生态保护的重视，充分借助上述智能生产要素，替代能源消耗大、环境污染大的落后产能，在全球范围推行绿色经济。

发展技术经济。技术可持续视角下，世界各国参与经济全球化过程中坚持科技引领和创新驱动是新一轮全球经济合竞中能够提高经济效率的重要支撑，也是全球经济可持续化发展的重要路径。在上一轮经济全球化中，欧美等发达国家之所以能够长期占据价值链中高端，其中一个重要原因就是欧美发达国家工业技术进步在全球处于领先水平，工业生产效率远高于发展中国家。另一方面，回顾近年来的逆全球化现象，不论是英国脱欧，还是中美贸易摩擦，均是因为发展中国家在技术赶超方面取得了明显的进步，欧美发达国家深感危机而采取的自然反应。宏观经济中的内生增长模型表明，技术进步根本上是推动全球经济增长的关键要素，是索罗模型中的全要素生产率的重要构成。技术进步不应该被用为"低端锁定"的工具，而应当被视作推动全球经济合作，共享经济增长福利的工具。事实证明，单纯依赖经济的"低端锁定"已经渐渐瓦解，以人工智能、移动互联等技术为代表的第四次科技革命正在全球多个国家迅速爆发，以中国为代表的新兴经济体在迅速发展本国经济的同时，也十分重视科学技术的研发，并已经取

---

① 曹野、杨红娟：《生态经济与绿色营销的研究综述》，《改革与开放》2019 年第 16 期。

得具有竞争力的成果。因此，在新一轮经济全球化中，应当继续发展技术经济，特别是扩大技术经济的正外部性，包括生态环保、共享知识等溢出效应，将技术进步作为推动全球经济持续增长的主要动力。

三、探索新经济增长极

开拓蓝海，寻找经济发展新的增长极。疫情加速了医疗保险、电子商务、网络游戏、在线教育等新兴行业的发展。疫情感染人数之多，对相关医疗设备和医药生产提出了要求，倒逼相关行业的加速生产；疫情宣传增加了人们的安全保障意识，激发其保险需求；长期的居家隔离，为远程办公、在线交互提供了契机，也带动了网购和在线订餐等领域的需求。

深耕网络经济。网络经济同时具有共享经济、绿色经济、技术经济的特征，具有非常大的溢出效应。根据中国互联网络信息中心（CNNIC）发布的《中国互联网络发展状况统计报告》显示，截至 2020 年 3 月，电商直播用户规模达 2.65 亿，占网购用户的 37.2%。发挥网络经济正外部性的前提是在全球范围内构建开放互联的网络市场。深耕网络经济不是把实体经济的全球化模式照搬到网络虚拟世界，而是借助各国共建的网络经济市场，实行开放自由的网络交易。网络经济领域强国，他们在移动互联领域处于技术和设施领先地位，包括移动互联终端设备的生产制造和网络平台的建设运营；网络经济领域也有弱国，尤其是非洲等一些国家和地区连最基础的网络通信设施都没有，许多民众无法连入互联网。因此，深耕网络经济首先要全球合力，在网络基础建设上实现从无到有、从有到优；其次要尽快制定全球网络交易的规则法律，保证网络经济的有序运行；最后要加强全球网络监管的合作，保证网络市场交易的公平公正。

加速技术革命。科学技术是第一生产力，由物联网、大数据、机器人及人工智能等技术所驱动的社会生产方式的变革被称为第四次技术革命。[①] 技术革命所

---

① 刘湘丽：《第四次工业革命的机遇与挑战》，《新疆师范大学学报》（哲学社会科学版）2019 年第 1 期。

推动的全球生产者之间、生产者与消费者之间的智能连接，解决了全球产品供应链环节的信息不对称，将对新一轮的经济全球化产生巨大的推动作用。首先，第四次技术革命以信息化、智能化和网络化的融合为核心，在技术革命的推动下，世界各国的经济增值环节将由传统的制造环节向服务环节拓展。其次，第四次技术革命将极大地提高各国劳动生产效率，推动产业结构和劳动力结构的升级。在此共同作用下，世界各国的竞争地位必将改变，率先完成技术革命的国家将成为世界经济的主导者。因此，新一轮的经济全球化要充分利用新技术开放共享的特征，帮助落后国家尽快实现追赶，最大程度地分享技术革命的效果，最终在各自擅长的领域实现全球合作共赢。换言之，在新一轮经济全球化时代，各国之间的技术革命不是地域之间的竞争，而是世界各国一起和落后产能之间的竞争。

发展智能产业。中国人工智能产业发展联盟的《人工智能助力新冠疫情防控调研报告》指出，智能服务机器人、大数据分析系统、智能识别（温测）产品是疫情防控中使用最多的智能产品。尽管存在数据积累不足、产品质量层次不齐、基础技术积累不足等问题，需要进一步探索，还有待全面普及，但人工智能技术为各行业的赋能作用已经日益凸显。在新一轮经济全球化过程中，应充分重视智能产业的经济赋能作用，强化核心技术和关键算法的突破、强化金融资本市场对智能产业成长的促进作用、增强政府政策的针对性和时效性。[①] 世界各国应积极参与智能产业的全球布局，共同攻克智能产业发展应用中的关键技术，共享智能产业的高附加值，全球合力解放传统劳动生产力，打造属于全人类的现代化产业结构。

数字产业化与产业数字化。数字产业是以大数据、智能算法等智能生产要素为基础的新兴产业，产业数字化是借助现代数字技术帮助传统产业转型升级、实现现代化的过程。发展数字产业是发展绿色经济、共享经济、技术经济的题中之义，也是发展智能产业的必经之路，且产业数字化是快速获得经济增长新动能的

---

① 杜爽、刘刚：《基于价值网络分析的我国智能产业发展机制研究——以北京智能产业发展为例》，《湖南科技大学学报》（社会科学版）2020 年第 3 期。

便捷方式。数字产业化和产业数字化是在各国经济发展经验上提出的，有利于从更长期的视角来解决全球资源配置优化。在新一轮经济全球化中，要尽快建立开放共享的全球数据网络，要认识到数字即资源，数字即要素，应充分利用全球数字资源和数字生产要素，共同推进数字产业化和产业数字化。一方面，最大限度地减小全球贸易过程中的交易成本，及时解决贸易争端或贸易摩擦；另一方面，在建立信息充分的全球市场基础上，开展包括经济但不限于经济领域的全面合作，为全球人民谋福祉贡献智慧。

对各国而言，在加速推进新一轮经济全球化的同时，还要努力全面提升国内居民可支配收入水平、开发国内巨大消费市场的潜力，逐步淘汰落后产能。加快推进出口转内需，将出口导向的全球化转为基于内需的全球化。短期内，应积极响应全球抗疫，加快抗疫医疗物资的生产与出口。长期来看，要始终践行基于内需的全球化路径，提高国内市场抵抗外部风险的能力，通过国内市场吸引外部优质产能和资本，开展附加值高的深入全球化。疫情之下，贸易结构也将发生重大变化，因为全球都需要以更快或更低的成本获取战略物资。中国在抗疫中积累了丰富的抗疫经验，可以为全球抗疫提供借鉴，共同减小疫情的全球危害。在参与全球抗疫的过程中，持续推进全球化进程，争取扩大在疫情以外的经济、文化、基础建设等领域的多方合作，在合作中推动构建人类命运共同体。对中国而言，应当继续支持经济向高质量发展转型，深化供给侧改革，创新产业发展新动能，尽快实现产业现代化、向全球价值链高端攀升。一方面加大科技研发投入，鼓励科技创新，大力发展数字经济，借"新基建"政策之东风，加速发展网络经济、智能服务业和云端产业，推进技术革命，传统产业数字化转型升级；另一方面充分发挥制度优势和经济优势，将制度优势转化为治理效能，保障经济向高质量发展转型，为深度多元的经济全球化贡献智慧和力量。

世界经济格局在一场突如其来的新冠肺炎疫情面前变得扑朔迷离，经济全球化的进程正面临着前所未有的不确定性。随着贫困和不平等的上升，全球经济长期衰退或缓慢复苏的可能性越来越大，巨额财政赤字和高水平的公共债务将对许多发展中国家构成重大挑战，特别是依赖商品经济和离岸贸易的发展中家，它们的贸易和旅游收入和汇款都在下降。但不得不指出的是，一切由来已久，不论是疫情前期的欧洲债务问题，还是中美贸易摩擦，这些都为新一轮经济全球化的加速演变埋下了"火种"，新冠肺炎疫情只不过是为新一轮全球化提供了助燃物。在所有故事发生之前，谁也说不清新一轮全球化将具体走向何方，但可以判断的是，新一轮经济全球化一定会进一步加速全球价值链转移，包括重塑全球制造业、技术脱钩与再挂钩再锚定、跨国经营空心化等，最终使全球化向更纵深、更多元、更平等、更平衡的方向演进。任何一个国家或个人都不可能阻挡其演进进程，世界各国应当通力合作，积极应对这场突如其来的疫情和拥抱即将到来的新的全球格局，为营造一个多元并包的人类命运共同体扮演好各自的角色。

| 第三章 |

危机与治理：公共卫生安全与全球危机管理

第一节　公共卫生安全引发的全球危机

20 世纪 90 年代后，随着科技的进步与全球化的进一步加深，世界各国在公共卫生安全领域的相互依存度变得日益增强，美国学者劳拉·加利特（Laurie Garrett）在其《逼进的瘟疫》一书中谈到，"一个新现象就是，至少一些疾病造成大规模的和世界性的流行病的可能性日益增加。艾滋病的全球流行就是近来的一个强力例证。"1992 年，美国医学协会发表的《新兴传染病微生物对美国健康的威胁》报告指出，由于全球化的进程中人口流动的加剧、病毒出现了抗药性、生态环境遭到破坏等原因，过去已经控制的疾病如霍乱、鼠疫、疟疾、肺结核和白喉等开始重新出现或扩大传播范围。一些新的传染病如艾滋病、埃博拉病毒、军团病、"禽流感"、"非典"和"猪流感"等纷纷出现。在 20 世纪 40 年代，大概有 20 多种新发传染病出现，而在 80 年代，新发传染病达到 90 多种。

新冠肺炎疫情席卷全球，该疫情不同于任何之前人类认知的病毒，具有极强的隐蔽性及高度的传染性，人类居住的地区几乎无一幸免。2020 年 3 月 11 日，世界卫生组织（World Health Organization，以下简称"WHO"）正式将该疫情定义为"Pandemic"大流行病，按照 WHO 的定义，大流行病是一种在世界范围内迅速蔓延，跨越国别边界并影响大量人群的流行病。

一、开放式环境下的影响

（一）现代性的内在表现——全球化

随着现代科技的不断进步，互联网及高新技术大量投入使用，人类社会已经打破了传统的地域界限与时间束缚，时空交错中，所有人都在共同见证着当下发生的各种重大事件，全球化已经成为一个现代性内在经历的必然过程。根据吉登斯的定义，全球化是指世界范围内社会关系的强化，这种关系以这样一种方式将彼此相聚遥远的地域连接起来，及此地所发生的事件可能是由许多英里以外的异地事件而引起，反之亦然。① 全球化带来的市场经济的全球普及以及跨国公司的全球扩展，导致各个国家与地区之间的交流与互动愈加频繁，在为全球经济发展带来便利的同时，也为大规模的公共卫生事件的暴发与流行带来巨大的安全隐患。全球化对于公共卫生危机的负面影响主要表现在两个方面：第一，危机本身的传播与扩散的全球化。2009 年，美国暴发甲型 H1N1 流感，并迅速蔓延至全球214 个国家与地区，最终感染了 6000 万人，并在当年导致至少 18449 人死亡。第二，对于全球经济及政治的影响。公共卫生危机的发生将带来全球政治及经济领域的一系列影响。此次新冠肺炎疫情发生，感染人数最多的恰恰是全球经济最发达或最具活力的地区，疫情的蔓延导致所有相关国家的经济停摆，居民的出行受到严格的管控，给全球经济带来了一系列打击。

（二）信息多元化带来的传播困境

随着 IT 技术与互联网技术的不断进步与传播，人类已经正式步入移动互联网时代，智能手机与社交媒体的出现使信息的传播与扩散变得空前便利，人人都

---

① ［英］安东尼·吉登斯著：《现代性的后果》，田禾译，译林出版社 2011 年版，第 56 页。

可以成为信息的发布者与传播者，传统的大众媒体对于信息的垄断不复存在，各种舆论领袖的出现为信息的传播增加了诸多不确定性，传统专家的权威受到挑战与质疑，各种谣言与真相在网络上交织混杂，真假难辨，人们在海量的信息传播面前显得无所适从，不知如何应对。一旦出现突发性事件，对于真相的认知与了解更是困难重重。联合国秘书长古特雷斯 2020 年 5 月 4 日在联合国教科文组织举行的有关新冠肺炎疫情下的新闻自由和打击不实信息高级别在线对话会议上指出："今年，全球面临着一个全新的挑战——2019 冠状病毒大流行，它影响着所有地区的每一个人。在大流行的背景下，我们看到了不实信息的危险的暴发，从有害的健康建议到仇恨言论，再到疯狂的阴谋论。谎言公然在网络上以令人恐惧的速率传播。最近的分析发现，社交媒体上有超过 40% 的关于新冠病毒的内容是由伪装成人类的机器人发布的。"[①] 为了克服这一点，我们迫切需要促进事实和科学、希望和团结，而不是绝望和分裂。社会化媒体已经成为本次民众获知疫情信息的主要来源。据"知识分子"公众号的调查，微信（25.7%）、微博（22.1%）、媒体网站或其移动客户端（21.6%）是本次疫情中民众获取信息的最主要来源。[②]

二、安全化理论的概念

全球公共卫生危机的频繁发生，导致对于公共卫生危机的安全化研究的必然需求。对"危机"本身的定义，不同的学者有着不同的表述，哈贝马斯认为危机即寻常、普通、合理的状态消散了，任意、混乱和漂浮压倒了规则和秩序，顺理成章的行动不再带来习以为常的结果，这几乎是所有个体在生命旅途中经常遭遇和感受的状态。鲍曼强调危机与"常态"从来并进相通，如果说危机是指社会常规的失效或确定性的瓦解，那么危机实为"人类社会的常态"。贝克（Ulrich Beck）和吉登斯（Anthony Giddens）认为，自启蒙和工业革命始，现代社会创造了空前进步和繁荣，但风险和危机越来越强势介入社会发展，乃至使自身成

---

① 《联合国秘书长：面对新冠疫情下的不实信息大流行 基于事实的新闻和分析是解药》，见 https：//news. un. org/zh/story/2020/05/1056562。

② 《万人调查：面对疫情，你还好吗》，见 http：//zhishifenzi. com/innovation/newsview/8146。

为一种结构性的社会安排。① 从上述学者的论述来看，危机是伴随着人类社会现代性的发展所出现的一种新的常态，并随着社会的繁荣与进步成为一种结构性的社会安排，面对如此频繁出现的危机，尤其是暴发的公共安全领域的危机，哥本哈根学派的奥利·维夫（Ole Wever）和巴里·布赞（Barry Buzan）提出的"安全化"理论为人类社会应对危机所带来的不确定风险提供了一个有效的分析框架。

哥本哈根学派的安全研究是将安全概念化为一种通过言语行为方式对威胁进行社会建构的进程，并通过这一进程塑造某个安全问题的缘起、演变和消解。所谓安全化是这样一个过程，其间某些问题被行为主体指认为存在性威胁，一旦某相关听众接受这些逻辑，就有权请求宣布进入紧急状态，采取紧急措施以及能够证明这些措施固然超越了常规政治程序的正常限度，但仍然不失为正当。② 巴里·布赞进一步指出，一个成功的"安全化"包括三个步骤：识别存在性威胁、采取紧急行动以及通过破坏和摆脱自由规则来影响单元间关系。由此引出了安全化理论的三个核心的概念——"存在性威胁""言语行为"与"主体间性"。

（一）存在性威胁

存在性威胁是指在特定的领域、针对特定的指涉对象所存在的威胁，这种威胁是如此严重，"故在常规政治中不应当无所顾忌地讨价还价，而应当被最高决策层优先于其他问题来果断地予以考虑及处理"③。

（二）言语行为

言语行为是通过一种言语的行动，将一种客观存在的安全威胁事件，纳入言语议事日程，并提高到一种被所有的利益相关者所重视的地位。根据安全理论的定义，一个"言语行为"的外在形态具备两个主要条件：（1）言语者的社会资

---

① 胡百精：《语词的命运与人的境况》，《新闻与传播评论》2020 年第 3 期。
② 叶晓红：《哥本哈根学派安全化理论述评》，《社会主义研究》2015 年第 6 期。
③ ［英］巴瑞·布赞、［丹］奥利·维夫著：《新安全论》，朱宁译，浙江人民出版社2003 年版，第 40 页。

源。这个安全行为主体必须处在权威地位，虽然这种权威地位并不一定是作为官方权威来定义的。（2）必定与威胁连在一起。

（三）主体间性

主体间性指各个安全主体之间对某个"存在性威胁"的认同程度。它强调了安全化的实践过程，主要是强调各安全主体之间对某个存在性威胁问题其受众的传播与交流过程，同时还表明各安全主体之间对一个安全化议题的看法与态度，更加强调一种国际范围框架下的安全互动。

三、公共卫生问题安全化的分析

（一）存在性威胁

"在当今这个相互依赖的世界上，病毒和细菌几乎像电子邮件和资金流动一样迅速，全球化已经把从布琼布拉到孟买、从曼谷到波士顿连接起来。没有任何健康的避护所，在一个健康、足食和幸福的世界与另外一个羸弱、食不果腹和贫困的世界之间不存在任何坚不可摧的墙。全球化缩短了距离，摧倒了旧的障碍，把各国人民联系在一起。世界上任何一个地方出现的问题成为了每一个人的问题"。前世卫总干事格罗·哈莱姆（Gro Harlem）在其全球治理文章中表明了在全球化背景下，公共卫生安全对于全球的影响是任何一个国家及个人都不可能置之度外，独善其身的。世卫组织统计数据显示，自 20 世纪 70 年代以来，人类新发生的感染病多达 35 种以上，当前的流行病学技术对于这类新出现的病毒往往力不从心。依据世界银行的估算，仅就相对危害较弱的禽流感病毒一项，如果持续超过一年，全球的经济损失将高达 8000 亿美元以上。与此相对照，新冠病毒对全球经济的影响远超禽流感。

（二）言语行为：全球公共卫生"安全化"议题的提出

公共卫生问题所引起的"存在性威胁"只是其"安全化"的一个客观条件。

若要成功启动公共卫生问题"安全化"离不开一定的言语行为,即需要"安全化"的施动者将该类威胁提升到安全议程。根据前面所述的言语行为的条件,言语者的自身社会资源起着至关重要的作用。1983 年,随着美国报导出现艾滋病首例患者,艾滋病开始引起世界范围内的重视。2000 年 1 月,联合国安理会采取了史无前例的行动,讨论了艾滋病对国际和平与安全构成的威胁。2001 年,美国遭遇炭疽病毒攻击,全国陷入生物武器的恐慌中。2003 年,美国兰德公司在《新型与重现的传染病的全球威胁:重建美国国家安全与公共卫生政策的关系》报告中指出,生物恐怖主义或生物武器甚至能带来战略性的威胁,传染病已取代来自敌对国直接的军事威胁而成为国际社会及各国政府面对的严峻挑战。2004 年,世界经济论坛发布的《全球风险报告》,把流行病和自然灾难归入当前国际社会所面临的最大危险之列。在遭受传染病及生物武器威胁之后,通过一系列的言语行为及议题设定,公共卫生安全性问题正式提升成为一个国际公认的至关重要的"安全性"议题。

(三)主体间性的建构

依据安全化理论,一个问题的"安全化"过程是一个主体间性的建构过程。鉴于美国之前已经将公共卫生问题的安全性威胁通过一系列的言语行为及议程设置得到大多数国家的认可,通过国际社会相关主体之间的不断沟通与协商,有关公共卫生问题"安全化"的一系列相关国际行为准则也得到了确立。2000 年 7 月 17 日,联合国安理会通过了有关艾滋病的第 1308 号决议。2001 年 11 月 14 日,WTO 第四届部长级会议通过了《TRIPS 协定与公共健康多哈宣言》。2003 年"非典"疫情促进了《国际卫生条例》这一国际规范的修订。2005 年 11 月 18 日,世界卫生安全国际会议发表了针对加强禽流感防控的合作规范《罗马宣言》。2006 年 1 月 31 日,国家级公共卫生机构国际联盟(INAPHI)成立。以上一系列行动显示,公共卫生安全已经逐渐演变成为一个各方高度认可的"安全性"议题,并在联合国安理会的支持下,就各国接受 WHO 的统一领导与协调达成共识。

第二节　公共卫生安全的全球危机管理

一、全球公共卫生安全体系现状

二战之后，世界各国深刻意识到，"各民族之健康为获致和平与安全之基本，须赖于个人与国家间之通力合作"，于是秉承"求各民族企达卫生之最高可能水准"的宗旨，在以前国际公共卫生公约的基础上建立了世界卫生组织（World Health Organization，以下简称WHO）。[①] 1948 年 4 月 7 日，）WHO 正式成立，每年的 4 月 7 日成为"世界卫生日"。WHO 作为联合国的一个专门机构，作为国际卫生工作的指导及调整机关，在全球层面上的公共卫生政策的制定和实施方面发挥了至关重要的作用。WHO 的成立在全球公共卫生治理历史上具有里程碑式的意义。

WHO 主要拥有以下三种职能：第一，通过公约或协定的功能；第二，通过国际公共卫生条例的功能；第三，具有对成员国做出建议的权力。《国际卫生条例》最初是 WHO 为协调国际层面上的公共卫生问题与贸易利益之间的冲突而确立的国际卫生法律文件。它取代了 1948 - 2000 年以前对各成员国生效的各种卫生公约，成为目前公认的最具普遍约束力的全球公共卫生治理条约，其目标在于"以对世界交通的最小干预来确保防范疾病国际传播的最大安全"。2001 年美国发生的炭疽恐怖袭击以及 2003 年的"非典"危机加快了《国际卫生条例》的修订进程。2005 年 5 月举行的世界卫生大会通过了修订后的《国际卫生条例》，并于 2007 年 6 月 15 日正式生效。[②]

---

① 联合国：《世界卫生组织法》，见 https：//www. who. int/home/cms - decommissioning。
② 联合国：《国际卫生条例（2005）》，见 https：//www. un. org/chinese/esa/health/regulation/。

《世界卫生组织法》第二条对该组织的功能作了界定，不仅规定了 WHO 在全球传染病控制上的广泛职责，而且确立了它的准立法功能，其中包括国际公约、国际协定以及公共卫生治理条例的提出和国际术语、国际标准的确立。组织法还确立了 WHO 作为有关国际卫生工作指导和协调的权威，表明该组织能够协调不同的国际组织所制定的不一致的国际公共卫生规则。①

二、公共卫生安全国际机制的问题与不足

（一）WHO 面临的困境与不足

1. 缺乏有效的履约机制

《国际卫生条例（2005）》有效的履约机制缺失主要表现在以下两个方面。首先，惩罚机制的缺失，尽管 2005 条例引进了仲裁方式作为解决成员方之间的争端工具，但是对于违反《国际卫生条例》的成员国，有关争端解决的第五十六条内容中并没有明确赋予 WHO 有效的制裁措施。其次，对于突发性疫情缺乏详细的指导性意见，条例第九条规定，"WHO 应该要求缔约国对来自除通报和磋商以外的其他来源的、声称该国正发生可能构成国际关注的突发公共卫生事件的通报进行核实。"假如某些成员国没有按照规定进行核实，或者该成员国没有能力对该疫情进行核实，WHO 是否拥有在未经相关主权国家的请求下便可派遣专业工作人员进入该国调查疫情的权力？该条款的措辞并不十分清晰，一旦出现某一成员国反对世卫组织相关人员进行现场检查，条例并没有做出有针对性的详细说明。这种规定上的模糊性必定使疫情监测效果的可信度和及时性受到影响。

2. 制度设计的缺憾

国际制度作为进程性因素的作用体现，主要源于其权威性和关联性，及其奖惩功能和服务功能。国际制度是国际社会成员认可或达成的规则，理性国家为了实现自己的利益，必须依赖国际制度。在反复的国际交往中，国际制度趋于奖励遵守制

---

① 《世界卫生组织宪章》第四十五版，补编，2006 年 10 月，第 1 页。

度的国家，惩罚违反制度的国家，国家因此逐渐学会在制度的框架内定义或重新定义自己的国家利益。① 在《国际卫生条例（2005）》这一国际机制中，由于对各成员国缺乏有效的奖惩制度，造成成员国的遵约意愿严重不足。

（二）西方国家对于新闻报道话语权的控制与偏见

一个半世纪以来，西方不仅在军事和经济上处于支配地位，而且在国际话语体系中形成了霸权。人们理解世界和解释世界的方式，长期受到"西方中心"的支配和影响。② 新冠肺炎疫情发生以来，中国为了抗击疫情做出了武汉封城的重大举措，为此付出了巨大的代价，为全球的抗疫争取了宝贵的窗口期，然而，以美国《纽约时报》《华尔街日报》、德国《明镜周刊》等为代表的西方主流媒体坚持以意识形态挂帅，有选择性地报道中国新冠肺炎疫情情况和防疫政策，影响了民众的知情权，在一定程度上造成了政策制定者和民众对新冠病毒的轻视和误判。人们被一种由媒体所塑造的充满傲慢与偏见的看法所左右，即：西方发达国家能更好地应对新冠肺炎疫情，中国的经验不值得参考。2020 年 1 月 23 日，武汉封城后，《纽约时报》第一时间发文指出中国是在用早就过时的公共卫生手段来防止传染病的传播，指责中国反应过度。在接下来的几个星期，《纽约时报》刊发的有关中国新冠肺炎疫情情况的文章绝大多数是从政治角度抨击中国的抗疫政策，而鲜有从传染病防控角度客观还原中国疫情的报道。③

（三）国家间信任的缺失与民族主义情绪的抬头

《牛津英语词典》将"信任"定义为"对某人或某物之品质或属性，或对某一陈述之真实性，持有信心或依赖的态度"。从根本上说，信任不是与风险而是

---

① 秦亚青：《霸权体系与国际冲突——美国在国际武装冲突中的支持行为（1945－1988）》，上海人民出版社 1999 年版，第 1 页。

② 李怀亮：《西方话语霸权的消解与中国软实力的系统性构建》，《对外传播》2018 年第7 期。

③ 吕洲翔：《新冠疫情下西方主流媒体的傲慢与偏见》，见 https://www.sohu.com/a/383192228_115479。

与突发性联系在一起的。面对突发性事件结果，信任总是具有信赖的涵义，而无论这些结果是由于个人的行动还是由于系统的运作造成的。① 新冠肺炎疫情的全球大流行可谓是前所未有的典型突发性事件，基于全球化所建立的信任体系面临着巨大的考验，各国为了防止疫情进一步蔓延相继采取了断航、隔离等一系列措施限制各地区之间的人员往来与交流，从而导致国内一系列政治与经济问题的集中爆发，并导致大规模的反全球化及国内民族主义情绪的高涨，西方国家在疫情初期出现的排华现象及美国的种族主义事件正是这种情绪的集中表现。如何平息国内各种矛盾，尽快摆脱疫情带来的各种负面影响，重建信任机制，将是今后各国政府面临的首要任务。

三、现代性视角下对全球公共卫生危机管理机制的反思

（一）现代性背景下的风险社会

德国学者贝克指出，产生于晚期现代性的风险在本质上是与财富不同的。风险，首先是指完全逃脱人类感知能力的放射性、空气、水和食物中的毒素和污染物，以及相伴随的短期和长期的对植物、动物和人的影响。它们引致系统的，常常是不可逆的伤害，而且这些伤害一般是不可见的。② 现代性带来的双面效应，一方面是工业文明，科技的进步与社会财富的积累；另一方面是工业化及全球化程度的加深对自然环境及社会环境的深刻影响。贝克进一步指出，风险具有无限可再生性，因为在多元社会里我们能够而且必须根据某些决策和观点对决策作出评价，而风险则随着这些决策和观点自我繁衍。③ 吉登斯区分了两种类型的风险：外部风险和被制造出来的风险。"外部风险就是来自外部的，因为传统或者自然的不变性和固定性带来的风险""被制造出来的风险，指的是由我们不断发

---

① ［英］安东尼·吉登斯著：《现代性的后果》，田禾译，译林出版社 2011 年版，第29 页。
② ［德］乌尔里希·贝克著：《风险社会》，何博文译，译林出版社 2004 年版，第20 页。
③ ［德］乌尔里希·贝克、［英］安东尼·吉登斯、［英］斯科特·拉什著：《自反性现代化——现代社会秩序中的政治、传统与美学》，赵文书译，商务印书馆 2016 年版，第14 页。

展的知识对这个世界的影响所产生的风险，是指我们没有多少历史经验的情况下所产生的风险。"① 全球化的加剧，世界各国之间的通航便捷性，进一步加速了病毒的蔓延，加之各国政府早期对于新冠肺炎疫情的认知不足与决策失误，导致了此次疫情的大规模传播。

（二）新冠肺炎疫情引起的一系列问题

进入 21 世纪以来，各种公共卫生危机事件频繁在全球各地不断涌现，充分暴露了现代性所带来的一系列后果，随着科技水平的提升，人类对自然界及生态系统不断地进行干预与破坏，导致原有的外部平衡被打破，病毒加速了进化与演变的步伐，同时更具隐蔽性与破坏性。自反性作为现代性的一个重要的特点被不断地体现出来。《国际卫生条例》再次显现了 WHO 在处理应对全球性公共卫生危机方面的短板与不足，新冠肺炎疫情发生对于全球经济体系的重挫更进一步地将修订《国际卫生条例》相关内容提到议事日程之中。其中，如何对某地大规模公共卫生事件进行定性及预警，在成员国未能定性的情况下，世卫组织专家是否能够进入现场进行核查，以及相关的具体细则成为未来《国际卫生条例》修改的关键所在。

依据中国人民大学重阳金融研究院的报告，此次新冠肺炎疫情将会引发一系列的全球性危机，主要表现在三个方面。第一，生命安全方面。截至 2020 年 6 月 20 日，全球新冠肺炎致死率最高的前十个国家中，新冠病毒致死率均高于 10%，第一位也门致死率高达 27.3%，第二位法国致死率 18.5%，第五位英国致死率 14.05%，第十位巴哈马致死率 10.57%。依据国外不同权威机构的预测，新冠病毒未来的感染人数还会进一步增加，未来还存在很大的不确定性，而这已经被事实所证明。第二，全球经济危机。根据世界银行预测，2020 年全球 GDP 将会下降 5.2%，其中发达国家经济体下滑 7%，欧元区受创更深，下滑高达 9.1%。这是自二战之后的最大降幅。经济合作与发展组织（Organization for Eco-

---

① 庄友刚：《风险社会理论研究评述》，《哲学动态》2005 年第 9 期。

nomic Co – operation and Development，以下简称 OECD）认为抗疫带来收入损失和非同寻常的不确定性，预计 2020 年世界经济将萎缩超过 6%，如果出现第二波传染，世界经济可能萎缩 7.6%。WTO 预计 2020 年国际贸易下滑幅度多达 32%，联合国贸易和发展会议 2020 年报告显示，跨境投资将下降 40% 以上，疫情冲击或导致跨境直接投资腰斩。第三，全球社会危机。如果疫情持续得不到有效的控制，将加速各国的产业链结构重塑，反全球化的趋势已经开始出现，旅行禁令、封锁边境可能在很长一段时间成为常态。受经济衰退的影响，各国将会出现社会的动荡，美国国内种族主义事件引发的全国抗议就是其中的典型代表。

表 3 – 1　全球各机构预测新冠病毒感染人数与死亡人数

预测机构	感染新冠病毒人数	感染新冠病毒死亡人数
世界卫生组织（WHO）	全球数十亿人感染，一年内非洲 2.5 亿人感染。	死亡超过 6900 万；一年内非洲死亡超过 30 万人。
美国麻省理工大学（MIT）	预计到 2020 年 8 月 15 日全球感染人数达 18291355 人。	死亡可达 805107 例。
美国明尼苏达大学传染病研究中心	预计传播 18 – 24 个月，直至60% – 70% 的人口感染。	按 5.6% 致死率测算，致死高达 2.6 亿。
联合国（UN）	不采取措施非洲 2020 年超 12 亿人感染新冠病毒。	330 万人因新冠病毒死亡。

数据来源：世界卫生组织、麻省理工大学等研究机构

四、全球危机管理机制的未来思考

（一）全球危机管理机制对话范式的构建

危机乃事实世界（及其要素、结构、规则和环境）与价值世界（及其要素、结构、规则和环境）变异引发的威胁性、破坏性情境。危机管理即在常态秩序遭到威胁和破坏的状态下，通过事实层面的应急处置、损害补偿和革故鼎新，价值

层面的情感抚慰、道德救赎和信念重构，化解冲突、再造和谐，修复、优化利益互惠和意义共享机制。① 学者胡百精对于危机的定义从哲学事实与价值二分法的角度指出了危机处理的关键所在。首先，危机不仅仅是客观事实层面的现象，同时与主观层面，价值世界的变异，即前文提到的安全化理论的相关论点"认知的改变"相一致，因此，我们要正视危机对于事实世界所带来的正常序列的干扰与破坏。其次，我们应当在认知层面上告知所有的利益相关者可能带来的威胁与潜在的伤害，在处理现有危机事件上秉承透明、公开、对话的方式，与所有的利益相关者进行真诚有效的沟通，其核心在于构建信任机制，避免由于不信任所造成的危机事态进一步的扩大蔓延。最后，通过与各个利益相关者进行坦诚对话，必要时提供相应的补偿与救助措施，避免冲突、化解矛盾，重新构建共同认可的信任机制，并在承认各方诉求的前提条件下，达成共识，共同化解危机。

由此可见，危机应对不是一个"摆平麻烦制造者"的过程，而应在对话中谋求达成事实与价值认同的最大可能性。②

（二）全球危机背景下人类命运共同体的构建

英国学者吉登斯指出："现代性就是一种风险文化，不断产生差异、例外和边缘化。"在全球化的背景下，各个国家及人民之间的交流是如此的频繁与不可分离，现代性本身所具备的自反性在此次疫情中表现得淋漓尽致，人类本体性安全体系如果无法构建，将在未来面临更加严峻的考验。

针对现代性的两难抉择，习近平总书记提出的构建人类命运共同体理念，为现代性制约下全球的未来发展提供了根本性解决方案。全球各国人民在面临人类重大自然灾害频发的现代性社会，不能一味地只是站在利益的角度去衡量各自的得失，信任的构建与价值的重塑才是当今世界迫切需要达成的共识。党的十八大

---

① 胡百精：《危机传播管理对话范式（上）——模型构建》，《哲学动态》2018 年第 1 期。

② 胡百精：《危机传播管理对话范式（上）——模型构建》，《哲学动态》2018 年第 1 期。

以来，习近平总书记在国内国际重要场合多次传递人类命运共同体理念。2017年3月，人类命运共同体重大理念被正式载入联合国人权理事会决议，上升为国际共识，人类命运共同体突破了"自我中心意识"和"单极中心意识"，成为一种互依互靠、共建共享的新型共同体，这恰恰是本体性安全所要达到的最终效果。

人类正处在一个挑战层出不穷、风险日益增多的时代，包括重大传染性疾病在内的非传统安全威胁对人类社会构成日益严峻的挑战。中国的方案是构建人类命运共同体，实现共赢共享。新冠肺炎疫情的全球大流行，更加进一步说明了在现代性背景之下，人类社会在应对突发性危机方面表现出的脆弱性与应对机制的缺失。新冠肺炎疫情属于全人类应该共同面对的危机，在危机到来时，任何一个国家都不可能独善其身。在全球化浪潮面前，人类已经成为一个休戚与共的命运共同体，单打独斗不可能有效地遏制病毒的扩散与传播，必须携起手来，秉承开放与透明的原则，启用对话与协商的手段，充分地进行交流与协作。同时，运用最新的科技信息手段对病毒的传播渠道及路径进行有效监控，动态构建全球的卫生安全与预警系统，并随时保持资料与数据的共享与交换，从人类命运共同体的视角将全球的人员流动及疾病防控纳入 WHO 为首的世卫组织的领导框架之下，各国通力合作，互通有无，唯有如此，才能应对未来现代性背景带来的各种不确定因素与本土安全的挑战。

| 第四章 |

真实与谎言：健康传播与媒介生态

　　面对新冠肺炎疫情对全人类健康构成的巨大威胁，原本以为共同抗疫是世界各国的理性选择，然而，甚嚣尘上的聒噪杂音给全球抗疫蒙上了阴影，新冠肺炎疫情在限制物理流动性、提升虚拟流动性的基础上推动着"深度后真相"时代的到来，使得此次疫情面临更加复杂多变的信息环境和舆论生态，在这场病毒与疫情报道的赛跑中，新闻媒体也发挥着"治病救人"的关键作用。

　　对于人类自身而言，健康的重要性不言而喻，随着人们自我保健意识的增强，健康传播开始备受关注，特别是在疫情时期。健康传播是在一定的媒介生态中进行和完成的，若把媒介作为生命的个体，媒介在生存和发展的过程中不仅受到外界环境的影响，同时也对外界环境产生能动的反作用。纽约大学的尼尔·波兹曼（Neil Postman）是最早正式提出"媒介生态"概念的学者。尹鸿在《被忽略的生态环境——谈文化媒介生态意识》一文中指出：如果一个人置身世外、与世隔绝，即便拥有琼楼玉宇、美酒佳肴，他也会宁愿选择人间的茅舍草庐、粗茶淡饭，就像苏东坡所叹"起舞弄清影，何似在人间"。"人间"意味着人是作为类而存在的，除了吃喝拉撒睡以外，人还需要交流，通过交流来传播信息、产生认同、获得能力、展开想象。这一切，都要依靠媒介交流来完成，所以，构成人类生态环境的不仅有维持人类健康所需的水、阳光、空气，而且也包括媒介。

　　以数字式、多媒体和互联网为代表的媒介新技术打破了过去传统印刷媒介、音频媒介和视频媒介之间不可逾越的界限，拆除了普通民众进行发声的种种壁垒，在此次疫情中掀起了一波又一波浪潮。我们在期待全民健康的同时，也陷入对健康传播与当下媒介生态的思考。

第一节　当今全球媒介生态的三大特征

一、移动数字化生存：互联网加速使用和数字鸿沟的出现

2020 年初，全球手机用户量达到 52.2 亿，相当于世界总人口的 66.6%，互联网用户数量 46.6 亿，比 2019 年同期增加了 3.16 亿；互联网普及率达到 59.9%。由于新冠肺炎疫情对互联网用户数量的增长影响重大，因此，实际数据应该更高。社交媒体数量在 2020 年之前的一年里增加了 13% 以上，社交媒体用户的数量相当于世界总人口的 53% 以上，与此同时，用户在社交媒体上花费的时间也在增加。

人们对互联网的依赖性更强和社交媒体加速使用的背后，呈现出两种并行的特征。一方面，发达国家互联网用户趋于饱和，增速减缓，发展中国家获得更多增长机会，二者之间的差距不断缩小。全球移动通信系统协会（Global System for Mobile Communication Association，以下简称 GSMA）发布的报告指出，到 2025 年，独立移动用户数量将达 59 亿，相当于当时人口的 71%，增长数字主要由印度、中国、巴基斯坦、印度尼西亚、孟加拉国以及撒哈拉以南非洲和拉丁美洲来拉动，就人口的移动普及率而言，撒哈拉以南地区在疫情期间增长幅度最大，紧跟其后的是拉丁美洲和亚太地区。[①] 另一方面，移动互联网连接速度持续提升，但仍出现了不均衡现象。年轻人和互联网使用者有更早获得信息的机会，中老年

---

① 《2018 移动经济报告：移动互联网未来八年新增 17.5% 用户　5G 转向早期商业化》，见 https://t.qianzhan.com/caijing/detail/180926 - f0014039.html。

人群及缺乏信息渠道者获得信息是缓慢的，而这部分人又是病毒的易感人群。据统计，当前全球共有 37 亿人无法访问互联网，其中多数来自较贫穷，且人口多的国家，数字鸿沟产生了媒介生态的"真空"。疫情期间，恰恰是这些国家对疫情防控信息的传播需求最为迫切，正如世界卫生组织所指出的，移民和贫困人口是感染新冠病毒的高危人群。在非洲，数据是一种奢侈品，撒哈拉以南非洲地区，1GB 数据（可以播放一小时标清电影）的费用接近当地月平均工资的 40%。世界银行的统计显示，非洲有 85% 的人每天生活费不足 5.5 美元，大多数非洲人认为自己已被数字鸿沟所隔离。基于性别的数字鸿沟问题仍不容忽视，在非洲、亚洲和南美洲的 10 个国家中，女性使用互联网参与公共生活的比例较男性低 30% – 50%，在全球范围内，女性使用移动互联网的比例比男性低 23%，其中差距最大的是南亚，其次是撒哈拉以南的非洲。在这个老龄化与数字化并行的时代，中老年人与青年人的"数字鸿沟"问题逐渐被重视，青年群体和中老年群体对健康信息的感知与认知存在着较大差异，后者对媒介的接触程度较低，对健康信息的认知在时间上具有明显的滞后性，这一点在新冠肺炎疫情中得到凸显，青年群体和中老年群体对疫情严重性的判断与评价存在着很大的不同。健康传播的信息壁垒和代际间的认知差异并非个体现象，而是一种泛在的社会现象。所以，如何在人群中有效传达信息给不同的人，达到预期的效果，是一个很大的问题。

二、流媒体时代到来：平台消费达到新水平

受众对媒体内容的需求前所未有的高涨，疫情改变了受众原有的生活形态，人们的网络化水平被强制性加速，流媒体强劲的增长势头就是证明。此外，用户的线上社群化也得到更快渗透，消费行为和习惯随之改变。这或将是疫情给全行业以及整个社会带来深刻改变的长期效应。

根据英国市场研究公司 Global Web Index 发布的报告，自疫情发生以来，超过 80% 的美国和英国用户表示，他们在印刷媒介、广播电视特别是流媒体平台

（包括 YouTube、TikTok 等）上消费了更多的内容。① 康维瓦（Conviva）第一季度流媒体报告指出，流媒体的播放量比 2019 年同期上升了 57%。凭借版权内容优势，Netflix 在该特殊时期增长尤为明显。摩根大通（J. P. Morgan）的研究显示，社交媒体用户对新闻报道的需求和消费量均达到前所未有的水平。

疫情前期，用户除了阅读杂志消解时间以外，使用社交媒体平台的频次也在增加。摩根大通的研究显示，大量的用户使用社交媒体平台来获取有关疫情的实时资讯，这使得他们的新闻消费达到一个新的水平。

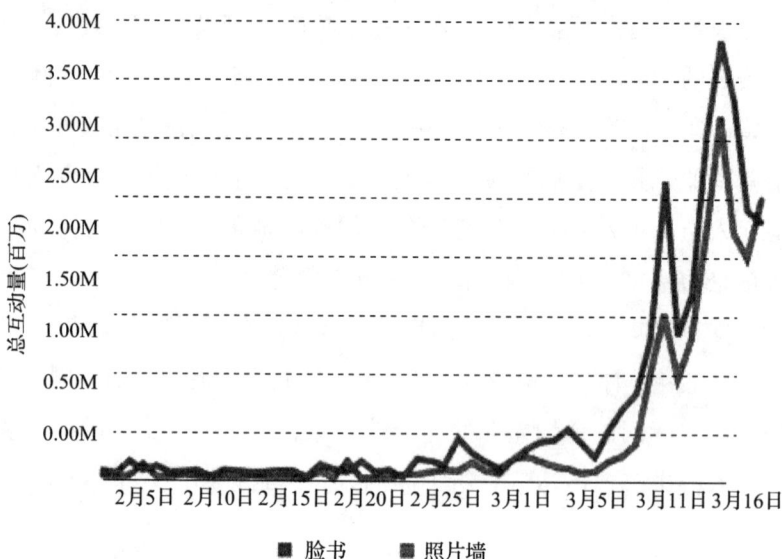

图 4 - 1　疫情期间 Facebook 和 Instagram 的互动情况

（图源：socialbakers）

推特（Twitter）宣布，2020 年第一季度，其日均活跃用户达到 1.64 亿，较 2019 年同期增长了 23%。摩根大通美国互联网股票研究主管 Doug Anmuth 表示：2020 年一季度，Twitter 的日活用户创历史新高，超出预期，与疫情相关新闻的

---

① How COVID - 19 Has Impacted Media Consumption, Visualcapitalist，见 https：//www. visualcapitalist. com/media - consumption - covid - 19/。

更新频率不断提高密切相关。^① 2020 年 4 月，脸书（Facebook）的短信服务总使用量环比增加了 50% 以上。在同一时间段，Messenger 和 WhatsApp 频道上的语音和视频通话数量翻了一倍。WhatsApp 的全球使用量同比增长 40%，在意大利实现了 70% 的增长，据 Kanter 的报告，WhatsApp 在西班牙的使用率更是上涨了 76%。^② Anmuth 还表示，Snap 平台上的用户参与度也居高不下，朋友之间发送的照片数量甚至超过了之前主要节假日达到的峰值。群组聊天、Snap 游戏和色拉布（Snapchat）视频分享等内容的浏览量也创下历史极值，其中有超过 6800 万用户浏览了与疫情相关的内容。^③

一方面，疫情居家隔离期间，用户纷纷由线下转移到线上，导致流媒体视频的播放量大增。Conviva 的 2020 年第一季度流媒体报告显示，流媒体视频的播放量较 2019 年同期上涨了 57%。其中，付费订阅内容的播放量在 2020 年一季度更是实现了 79% 的增幅，占据了用户 72% 的观看时间。该报告还指出，有线新闻频道的收视率在 2020 年 4 月翻了一番。^④ Recurly Inc. 统计数据显示，截至 2020 年 3 月中旬，美国流媒体服务的电视端口以及网络渠道的付费订阅量增长了 32%。疫情期间，Netflix 成为最受美国用户青睐的流媒体平台。调研机构 Piper Sandler 采访了 440 名消费者后发布的调研报告显示，疫情暴发期间，Netflix 用户每日平均使用该平台的时长超过 3 个小时；在选择最为依赖的流媒体平台时，65% 的受访者勾选了 Netflix，44% 选择了亚马逊 Prime，38% 钟情于有线电视。

另一方面，在此期间杂志订阅呈现爆发性增长。英国杂志业宣布新版印刷杂

① J. P. Morgan, Media Consumption in the Age of COVID – 19, 见 https：//www. jpmorgan. com/insights/research/media – consumption。

② Techcrunch, WhatsApp has seen a 40% increase in usage due to COVID – 19 pandemic, 见 https：//techcrunch. com/2020/03/26/report – whatsapp – has – seen – a – 40 – increase – in – usage – due – to – covid – 19 – pandemic/。

③ J. P. Morgan, Media Consumption in the Age of COVID – 19, 见 https：// www. jpmorgan. com/insights/research/media – consumption。

④ Worldscreen, Streaming in the Age of COVID – 19, 见 https：//worldscreen. com/streaming – age – covid – 19/。

志和数字杂志的订阅量均出现了三位数的增长。随着疫情蔓延，杂志业成为这一特殊时期用户浏览量增幅最快的行业之一。

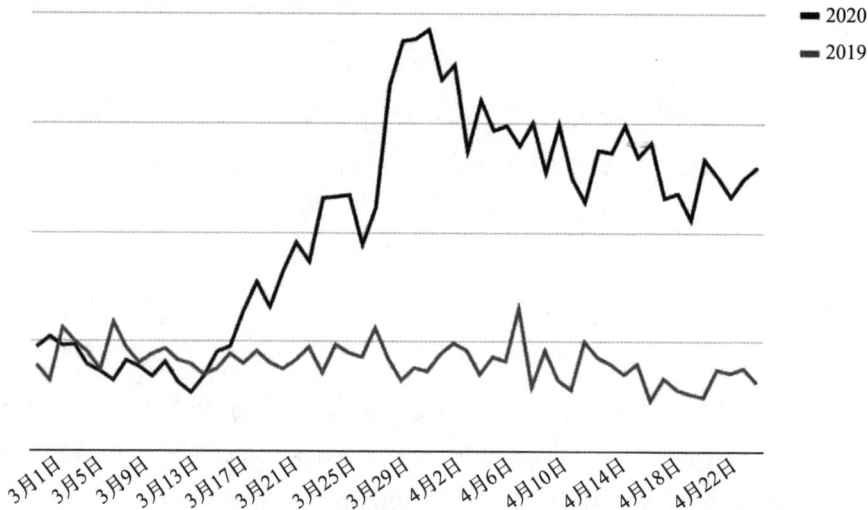

图 4 – 2　疫情前期，英国纸质杂志订阅页面的浏览量整体走势

（图源：magazine couk）

　　由于杂志内容拥有较强娱乐属性，能够有效缓解用户对疫情的恐惧心理，英国宣布封城的第一周，杂志的订阅量出现大幅增长，并在 3 月底达到峰值，即使之后订阅数量有所下滑，但从整体来看，疫情期间杂志的订阅量依然高于疫情以前。其中，数字杂志的订阅数量增幅较大，印刷版杂志的订阅量也至少上涨了两倍。各类印刷杂志的页面浏览量均出现显著增长。其中，儿童杂志（Kids）的增速达到 502%；家庭和园艺杂志（Home & Gardening）上涨了 403%；女性杂志（Women's）同比增长了 325%。体育类杂志的表现也有所改善，这表明尽管无法举办现场的体育比赛，读者仍然热衷于了解相关动态。关于数字杂志的用户订阅需求调查显示，科技和游戏行业数字杂志的需求同比增幅最大，达到 268%；家庭类数字杂志紧随其后，用户需求增长了 259%。

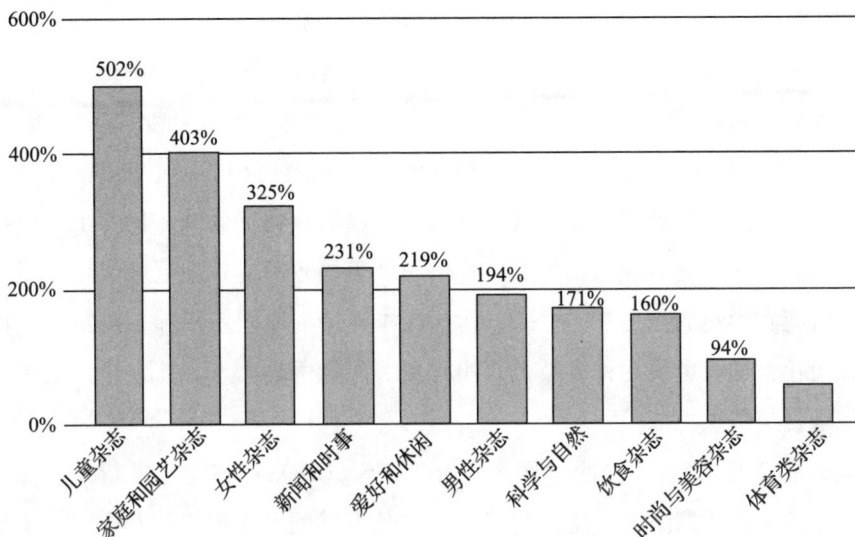

图 4 - 3 疫情前期，英国各类杂志的页面阅读量均出现不同程度的增长

（图源：magazine couk）

三、众强环伺：话语霸权塑造了媒介世界的现实图景

如果说 2018 年是媒介生态的"信任危机年"，那么，来势汹汹的疫情使得媒介迎来了"语境崩塌期"。众所周知，发达国家既是世界话语的主产地，又是传播渠道的主控者，内容与手段双重操控下所形成的话语霸权塑造了媒介世界的现实图景。"①

（一）疫情初期，国外媒体关于新冠肺炎疫情的报道

在美国媒体方面，2020 年 1 月 9 日，CNN 报道了中国出现 SARS 状病毒。②英国媒体《伦敦标准晚报》（London Evening Standard）从 2020 年 1 月 20 日开始

① 孟威：《构建全球视野下中国话语体系》，《光明日报》2014 年 9 月 24 日。

② 参考消息：A new virus related to SARS is the culprit in China's mysterious pneumonia outbreak, scientists say, CNN，2020 年 1 月 9 日。

报道新冠肺炎疫情。① 1 月 21 日，美国确诊第一例病例，围绕疫情起源和防范措施的报道数量开始迅速上升。② 加拿大《环球邮报》（Globe & Mail）第一篇关于新冠肺炎疫情的报道出现在 1 月 21 日。③ 澳大利亚的《澳大利亚人》（The Australian）④、《澳大利亚时代报》（The Age）⑤ 第一篇疫情相关报道出现。1 月下旬开始，各报纸先后频繁出现关注武汉封城、武汉医疗物资紧缺、世界卫生组织评价、中国抗疫措施、美国撤回外交官和侨民及美国政府应对新冠肺炎疫情的社会压力、措施和影响的报道。⑥ 1 月 31 日，媒体开始批评因新冠肺炎疫情引发的种族歧视问题，加媒更关注种族歧视，澳媒更关注撤侨隔离点，其余报道的重大事件点和题材与美媒相似。⑦

2020 年 2 月 13 日，法国《回声报》（LES ÉCHOS）称湖北省新任领导上台后新冠肺炎确诊病例激增，使人们"担心疫情发展的真实程度"。⑧ 同日，《费加罗报》（Le Figaro）发表对此次疫情峰值估计的报道，指出中国方面的预测较乐观，世界卫生组织仍持谨慎态度。世界卫生组织总干事谭德塞提倡人们"极端谨慎"，因为"这种流行病可以向任何方向发展"。⑨ 2 月 16 日，《世界报》（Le

---

① Deadly new virus spreads to major cities as airports startscreenings, London Evening Standard，2020 年 1 月 20 日。

② Washington Post, What we know about the mysterious, pneumonia – likecoronavirus spreading in China and elsewhere，见 https：//www. washingtonpost. com/world/2020/01/21/what – we – know – about – coronavirus – spreading – china – elsewhere/。

③ Globe & Mail, Canadian airports, hospitals on alert for SARS – like virus，见 https：//www. theglobeandmail. com/canada/article – canadian – hospitals – airports – preparing – for – possible – arrival – of – sars/。

④ Fears disease outbreak will clip tourists' wings, The Australian，2020 年 1 月 22 日。

⑤ Matildas still heading into virus zone, The Age，2020 年 1 月 22 日。

⑥ Daily Beast, Coronavirus has Europe treating Chinese people like the plague，见 https：//www. thedailybeast. com/coronavirus – has – europe – treating – chinese – people – like – the – plague。

⑦ 程美东等：《关于英美俄日等 13 国对新冠肺炎疫情，早期情况报道的述评》，《经济与社会发展》2020 年第 1 期。

⑧ 《新冠病毒：北京是否说出了疫情规模的真相?》，《回声报》2020 年 2 月 13 日。

⑨ 《新冠病毒：统计方法改变后中国暴涨的病例》，《费加罗报》2020 年 2 月 13 日。

Monde）报道了北京加强隔离管控的情况。文章指出，全中国除湖北以外的新增病例持续下降，中国官员对抗疫充满信心。① 2020 年 1 月 18 日起，德国《时代周报》（Timeweekly）、《明镜》（Der Spiegel）等报道了新冠肺炎疫情的进展、怀疑来源与中国的防疫措施。② 2 月 13 日，德国《日报》（Taz）报道了疫情对政治生态和经济的冲击。③ 韩联社 2020 年 1 月 28 日报道指出，韩国总统文在寅肯定了中国及时应对新冠肺炎疫情的努力，并表示希望疫情早日得到控制，韩国愿向中方提供所需支援与协助。④ 随后，在 2 月 3 日的讲话中，文在寅再次表明："中国的困难也是我们的困难，作为邻国，我们必须给予支持与合作。"⑤ 但韩国社会公众对中国疫情的态度存在不同的声音：一方面，韩国部分高校的学生和专家积极声援中国抗击新冠肺炎疫情。⑥ 例如，据韩联社报道，建国大学、韩国外国语大学在官网上打出"为中国和武汉应援"的中文标语，还在校内悬挂横幅为中国抗击新冠肺炎疫情加油打气。⑦ 另一方面，韩国社会也出现了由于恐惧新冠肺炎疫情而嫌恶、敌视中国人的情绪。⑧ 针对这种现象，官方和专家学者积极消除社会公众的恐慌心理和敌对情绪。1 月 28 日，韩国《中央日报》报道指出：南宫仁教授表示应警惕对病毒的"过度恐惧"和"陌生人恐惧症（嫌恶外国

---

① 《"他们关闭并把守了一切入口"：中国加强应对新冠病毒的管控措施》，《世界报》2020 年 2 月 16 日。

② ZEIT ONLINE, Vier weitere Fälle vonneuer Lungenkrankheit in China bestätigt，见 https：//www. zeit. de/wissen/gesundheit/2020–01/china–coronavirus–lungenkrankheit–infektion–patienten。

③ 见 https：//taz. de/Politis–che–Folgen–des–Coronavirus/！5663554&s = Coronavirus +China/，2020 年 2 月 13 日。

④ 韩联社：《文在寅致函习近平表示愿协助中国防控新型肺炎》，见 https：//cn. yna. co. kr/view/ACK20200128003900881。

⑤ 《文在寅总统：中国的困难就是我们的困难，应尽力支援》，《朝鲜日报》2020 年 2 月 3 日。

⑥ 程美东等：《关于英美俄日等 13 国对新冠肺炎疫情，早期情况报道的述评》，《经济与社会发展》2020 年第 1 期。

⑦ 韩联社：《韩国高校声援中国抗击新冠肺炎疫情》，见 https：//cn. yna. co. kr/view/ACK20200212005000881。

⑧ 《青瓦台请愿禁止中国人入境的人数已超 45 万》，《朝鲜日报》2020 年 1 月 27 日。

人)"现象。①《金字塔报》转载美联社的评论指出，武汉封城是一项"史无前例"的努力。关于武汉建成临时医院，半岛电视台 2020 年 2 月 3 日的报道称中国政府在 8 天内建成医院"令人惊讶"。《金字塔报》2020 年 1 月 23 日报道指出，在此次疫情防控中，中国政府及时公开信息获得好评；报道同时援引习近平主席的发言，指出中国政府将人民的生命安全和身体健康放在首位。

西方媒体对疫情早期的应对颇有微词，部分报道对早期新冠肺炎疫情的规模有质疑之声，但国外媒体针对"武汉封城"的做法普遍认为反应速度和重视程度比"非典"时期有明显进步。② 2020 年 1 月 24 日的《费加罗报》报道了武汉实施交通管制的状况，报道评价称，这是本次疫情以来，北京在国际社会忧虑目光的密切注视下采取的最为严厉的措施。③ 1 月 28 日，《世界报》发文指出，隔离的有效性取决于当局落实隔离行动的速度，有时也可能适得其反。

（二）疫情初期，国外公众和政府对疫情的反应

英国、美国、加拿大、澳大利亚的民众总体上对中国的疫情表示担忧，对中国民众表示同情，对中国政府控制疫情的能力表示信任。为了控制疫情，英美诸国政府采取限制入境、停飞航班、撤回侨民等措施。四国媒体报道集中在新冠肺炎疫情对国家经济运行、旅游业、体育交流和学术交流的影响，同时评价本国政府对疫情的反应。例如，《华盛顿邮报》（Washington Post）报道了特朗普政府因病毒潜在风险而过度反应的合理性，同时指出病毒威胁着中国制造的供应。④ 由新冠肺炎疫情激起的对华人甚至亚裔的种族歧视现象遭到了部分媒体的批评。

---

① 南宫仁：《恐慌无助于解决问题，禁止中国人入境不可行》，《中央日报》2020 年 1 月 28 日。

② Denyer, Simon, Paul Schemm, Adam Taylor：WHO declares " public health emergency" over coronavirus, Washington Post, 2020 年 1 月 30 日。

③ 《新冠病毒：中国采取大规模隔离措施以遏制该流行病》，《费加罗报》2020 年 1 月 24 日。

④ Lynch, David J：Virus threatens U. S. companies´supply of Chinese – made parts and materials, Washington Post, 2020 年 2 月 3 日。

CNN 报道指出，新冠肺炎疫情引燃了已有的种族主义情绪和仇外情绪，而后者才更具有致命性。[①] 2020 年 1 月 29 日，俄罗斯卫生部发布《新冠病毒感染预防、诊断和治疗临时方法建议》。1 月 30 日，俄罗斯关闭远东中俄边界，并暂停对中国公民办理电子护照。2 月初，俄罗斯总统普京下令俄罗斯空军派飞机前往中国武汉和其他地区，完成撤侨工作。2 月 3 日，俄罗斯总理米哈伊尔·米舒斯京在一次向全国电视转播的政府会议上表示，新冠病毒已被列入特别危险疾病清单，并签署了全国防控疫情计划。俄罗斯交通运输部在国内机场、火车站、港口等交通关口均采取了预防措施，并且延长了中国留学生的假期。2 月 14 日，俄罗斯和中国之间的包机航班正式关闭。钻石公主号游轮（Diamond Princess）上发生的集体感染事件成为日本政府忙于应对的事情。2020 年 2 月 13 日，NHK 新开设了游轮板块对其进行专门的报道和跟进。日本的应对措施可以大致分为对外政策和对内政策，对外政策包括对中国人的入境限制措施、对在武汉日本人的包机接送、对中国的物资援助等；对内措施主要包括经济方面、制度方面和东京奥林匹克运动会筹备等方面。

作为与中国有长期友谊历史的西方大国，法国并未像美国、澳大利亚一样，拒绝中国公民入境。2020 年 2 月 7 日，法国总统外事顾问博纳表示："法方愿与中方分享经验、开展合作，帮助中方抗击疫情，对中方最终取得抗疫胜利充满信心。"[②] 2 月 3 日，《回声报》报道：包括法航在内的多家国际航空集团都大大减少了前往中国的航班次数。法国的社交媒体上出现华人发起的"我不是病毒"行动，呼吁大家认识疫情，进行正确的抗击疫情行动，同时停止互相攻击。2 月 1 日，巴黎市市长安娜·伊达尔戈（Anne Hidalgo）、巴黎 13 区区长杰拉姆·顾梅（Jérôme Goumet）和当地议员一起在 13 区一家中餐馆吃饭，以表示对华人群体的支持。[③]

产生上述媒介生态的原因，一方面是由于疫情前期整个舆论场中混杂着各种

---

① A new virus stirs up ancient hatred, CNN Wire, 2020 年 1 月 30 日。

② 《王毅分别同法国总统外事顾问、印尼统筹部长通电话》，《人民日报》2020 年 2 月 9 日。

③ 见 https：//twitter.com/Anne_Hidalgo，2020 年 2 月 1 日。

"情报"和驳杂的声音,选择不同的"事实"就能呈现出不同的声音。部分西方媒体的报道只相信乃至堆砌负面细节,在事实上掩盖了中国抗疫的总体进展和成效,以表面的"中立"一叶障目,以极少的个例以偏概全误导受众,制造出"典型"案例并不典型,"真实案例"并不是真正的新闻事实。另一方面是基于意识形态差异造成的报道偏差。此类歪曲最常见的手段是使用污名化的话语包。例如,将政治分工解释为领导人互相推诿责任,① 甚至采用"东亚病夫"等歧视性词汇。② 较为隐蔽的方式是在叙述中隐含二元对立结构:将自己打扮成正义的传播者,刻意引导读者产生对中国政府不满的情绪。

疫情发生后,国内外学者和媒体人士对疫情的影响作出判断,其中有三种比较过激但又影响普遍的观点:全球化会逆转、世界格局会发生翻天覆地的变化、美国会彻底衰落。媒体在美国社会制造民意、赢得民意中有其自己的特点和优势,并能够倍增意识操纵的效果,提高意识操纵的效度。美国主流媒体离不开政府的"信息供应"和公共资助。主流媒体通过为占支配地位的思想和价值观站台,既可以获得各种公共资源,又塑造了现代的信息环境。在美国社会还出现了信息与宣传合流,形成强大的"信宣"。③ 政府与媒体合谋,越来越少采用肉体强制的办法来控制大众,而是动用各种"硬宣传""软宣传"方式,操纵着新闻与信息传播,以有声、无声的,有形、无形的语言、文字、数字化音频视频等方式潜移默化地为权力集团发送、传递各种信息,采取群体诱导的办法,有组织地操纵着大众意识。"有意识和有组织地操纵群众的习惯和观点",是所谓西方民主社会的一个重要元素。那些操纵这个看不见的社会机制的人们构成一个看不见的政府,它拥有话语权,是国家真正的统治权。

在新冠肺炎疫情流行于世界各地之际,西方诸多国家的政府不是首先直面疫情,而是想方设法与媒体共谋,通过白色宣传、灰色宣传与黑色宣传,将官方的

---

① acing a deadly demon, Xi's China shows its true colours, The Australian, 2020 年 2 月 8 日。

② China is the real sick man of Asia, The Wall Street Journal, 2020 年 2 月 3 日。

③ [美] 杰拉尔德·瑟斯曼著:《西方如何"营销"民主》,忠华译,中信出版社 2015 年版,第 9 页。

信息源、故意不确定的信息源以及其他虚假的信息搅和在一起，竭力行诋毁抹黑之事。通过虚构现实、虚拟数字、筛选事实，乃至捏造事实，将"无中生有的第一手信息"不断输出，以信息供应来控制人的思维，引导人的行动。从《华尔街时报》刊登"中国是真正的亚洲病夫"，到《纽约时报》直接说"武汉病毒"、加拿大《省报》说"中国病毒"，再到澳大利亚《先驱太阳报》把"中国病毒"制成口罩图片登在头版等，这些西方媒体配合其政府及政客们掀起了病毒起源论、病毒污名化和意识操纵的第一波。紧接着，美国的《金融时报》和《外交政策》杂志，德国的《明镜》和法国的《皮卡尔信使报》（Le Courrier Picard）等，又将新冠病毒与"黄祸论""中国制造""中国威胁论""中国转移责任论"等纠缠在一起，诋毁中国抗疫的种种努力，将"反华毒舌"的媒体形象发挥得淋漓尽致，并将中国对外抗疫援助渲染为"新病毒外交""口罩外交"等，既贬损了中国国家和政府形象，又制造了恐慌和种族歧视，有力促进了意识操纵。

为了剥开新冠病毒的神秘面纱，还得回到科学剖析和认知疾病的轨道上来。通过科学分析新型冠状病毒的感染机理、发病机制与传播途径等，揭示新冠病毒的本来面貌，推进健康传播，营造风清气正的媒介生态。

第二节　后疫情时代新媒体推动下健康传播的 "瓶颈" 分析

有学者认为"后疫情"指向一种信息失序的常态，美国作家托马斯·弗里德曼（Thomas Loren Friedman）认为，新冠肺炎疫情将深刻改变人类历史进程，或将成为"公元前和公元后"一样历史分期的起点。[①] 后疫情时代确实给我们观

---

① ［美］托马斯·弗里德曼：《我们新的历史分界线："新冠前世界"与"新冠后世界"》，《纽约时报》2020 年 3 月 18 日。

察媒介生态下全球健康传播提供了一个契机：信息的高度不确定性、科学发展的滞后性、文化间的偏见与冲突以及隔离政策下的情绪压力共同驱使着基于自媒体的信息爆发式传播。当然，没有一种信息秩序是自然平衡的，总需要一些政策干预和协调治理，要充分运用当地最有效的传播媒介，认识到媒介生态中健康传播的"瓶颈"所在，去传播当下的疫情和健康知识。

一、健康传播的混乱话语与"伪科学"众生相

如果说被硬塞的信息和人际关系是一种拟态环境带来的精神控制的话，那受众其实也都生活在大众媒体所塑造的虚拟现实中，并且当受众长期被投喂媒体信息而不是自己去接触一手信息源的话，就会失去对真实世界的观察能力和判断能力且不自知。在此情况下不免沦为媒体和政府的"理想公民"（即棋子），在这样语境下受众的声音也都同质得像《美丽新世界》中的"生产线文明"，成为一定意义上的"文化失语者"。这就是波兹曼的"媒介即隐喻"，不少观众在观看完《楚门的世界》之后纷纷高呼"每个人都是楚门"。"印刷媒介"和"电子媒介"是一种隐喻，其"用一种隐蔽但有力的暗示来定义世界"的观点，可以非常直观地体现在疫情发生后各国间的互嘲以及恶意阴谋论的攻击之中。以"是否戴口罩"为例，在此次新冠肺炎疫情过程中，美国的学者和记者一直自说自话，演绎成为西方国家健康传播与媒体报道中最为混乱的信息，也每每呈现在全球疫情最令人匪夷所思的分裂主义、种族歧视和国家污名化的非理性场景中。"戴口罩"是健康传播中最为基础的知识与行为改变，但在美国却和政府行为、经济模式、公共卫生体系交错纠缠，成为一则科学与反科学的疫情叙事的混乱展演。其间，公共健康话语权、舆论权的无底限的争夺，民粹主义与反智倾向的信马由缰形成了一幅充满了黑色荒诞主义色彩的健康传播镜像。

因为缺乏"足够的、明显的科学证据"，所以从美国疾病控制与预防中心（Centers for Disease Control and Prevention，以下简称CDC），到《华尔街日报》《华盛顿邮报》的预防建议都是：仅建议患者和疑似患者佩戴口罩。而对医护前线护具严重短缺的问题，特朗普在白宫记者招待会上说道：你可以用围巾啊，围

巾实在是好啊（You can use a scarf. A scarf would be very good.）。2020 年 3 月 27 日，《纽约时报》终于挣扎着以一种"可能""或许"带试探语气的标题发了一篇新闻稿："More Americans Should Probably Wear Masks for Protection"（戴一下口罩？）2020 年 4 月 3 日，CDC 终于更新 COVID－19 抗疫指南，建议民众出门前以 T 恤、头巾、非医用口罩等物作为基本护具，以代口罩之用。特朗普回应道：这是建议，你可以听……反正我不会戴。"全世界最富有的国家为何没有足够的口罩？"当记者提问时，学者们的回答是"这是美国应对新型冠状病毒疫情的众多荒谬之处当中最令人不安的一个。"① 其一，是"美国的资本主义病态"——依附海外低成本而生存，口罩的生产几乎全部在国外。其二，口罩所依附的是"准时制"（Just－in－Time）供应链，与厕纸一样，要求以最小的库存满足需求，当你发现老百姓在抢厕纸的时候，口罩早就脱销 2 个月了。其三，政府公共卫生应急系统中采购与供应链的断裂，2009 年 H1N1 流感期一亿个口罩库存的库，之后十年从未补仓。其四，民粹主义的反华政策驱使，美国医疗机构和药房买不起中国口罩（世界口罩产量的 80%）。疫情前期，特朗普政府针对中国口罩加征 7.5% 关税（疫情发生后，悄悄改为 0%）；这意味着买中国口罩不如买韩国口罩，买中国口罩不如请服装厂工人手工缝制（ABC 新闻），请游戏设计师打印 3D 口罩（CBSN 新闻）。2019 年 6 月，美国卫生业经销商会副主席琳达·奥乃尔（Linda O'Neal）在加征关税的"301 调查"听证会上警告美国政府：关键医疗产品加税将危害美国公共卫生应急能力。一语成谶，CDC 更改口罩使用推荐之后，美联社记者走访边远小城的几处药店，连佛罗里达农村小药房（Okeechobee Discount Drugs）都已售罄许久。②

　　北美及欧洲民众拒绝戴口罩，毫无防护意识，还有些人恶意围攻戴口罩上街正常防护的中国留学生。其实普通民众也是受害者，从疫情发生以来政府的不重

---

　　①　The New York Times, How the World's Richest Country Ran Out of a 75－Cent Face Mask，见 https：//www. nytimes. com/2020/03/25/opinion/coronavirus－face－mask. html。

　　②　AP news, Face masks recommended, though Trump says he won't wear one，2020 年 4 月 4 日，见 https：//apnews. com/227fa2d005b3923157b9eb736c12e6c5。

视和有意淡化隐瞒，到媒体让普通民众不要轻易戴口罩的舆论宣传，一切都来自信息不对称。原本是为了节约社会成本，提高效率，现如今却成了一些人口中的群体话语体系。麦克卢汉的至理名言"媒介是人体的延伸"被时代扭曲，片段化的现实被新闻的转喻性所放大，成为受众眼中的全部现实，群众被动性因然而生。

在全球疫情蔓延情况下，健康传播不再是健康信息的简单报道，而是一场知识、宣传、行动改变相关科学，媒体与政府相互关联的国家行为。① 2020 年 1 月 31 日，有媒体发布消息称，"上海药物所、武汉病毒所联合发现：中成药双黄连口服液可抑制新型冠状病毒"。消息一经发布，网民沸腾，在微博、微信等社交媒体疯传，该话题瞬间在新浪微博登上热搜第一。不论是线上还是线下，都呈现出疯抢双黄连口服液的态势。2 月 1 日凌晨，双黄连口服液在各大电商平台一扫而空，线下一些地方群众也连夜聚集排队买药，一时间双黄连口服液成为继口罩后的新晋"断货王"。一时间，信息的高度不统一、自说自话的现象、健康传播的混乱话语等成为阻碍健康传播的"绊脚石"。

二、污名化重蹈覆辙

污名现象存在诸多类型，最典型的为身体污名、行为污名与族群污名。对新冠病毒的污名化，既选择了对人（如将病毒与黄种人、亚洲人、中国人等联系在一起）的污名化，又选择了对地域（如亚洲、中国、武汉等）的污名化。一些西方国家政客和媒体站在道德制高点，从贴各种标签开始，对新冠病毒进行污名化，意欲把中国刻画成恐怖、邪恶的形象；不断兜售"中国威胁论"，妖魔化中国形象，希望由此引发对中国人、华人乃至黄种人的隔离、排斥、偏见与歧视。这种污名化具有负面性、快速污染性、破坏性、顽固性等特征，一旦形成，就会刻板固化下来，并快速传播，短期难以消除与正名。②

---

① 吴炜华：《疫情传播的混乱话语与"反科学"现象——COVID–19 疫情期间美国媒体与社会的田野笔记》，见 https：//icsf. cuc. edu. cn/2020/0917/c5607a173093/page. htm。

② 舒绍福：《病毒污名化：隐喻、意识操纵与应对》，《学术前沿》2020 年第 22 期。

疾病如同鬼魅一般行迹无踪，它使人们虚弱甚至死亡，对于疾病的恐惧使其逐渐附着上道德、社会、文化等多重含义。美国学者苏珊·桑塔格（Susan Sontag）在《疾病的隐喻》中指出："任何一种被作为神秘之物加以对待并确实令人大感恐怖的疾病，即使事实上不具有传染性，也会被感到在道德上具有传染性。①当疾病成为一种对行为的惩罚与对道德的批判时，污名化随之出现，即将疾病的意象与异邦的想象勾连在一起，强化疾病与外国、与异域之间想象性的关联，因而可以堂而皇之地将邪恶与非我、异族等同起来，即所谓的"瘟疫一律来自他处"，或"把那些特别可怕的疾病看作是外来的'他者'，像现代战争中的敌人一样"。②受污名影响，社会排斥现象频发，这使蒙污者遭遇安全及心理问题。据美国有线电视新闻网报道，自疫情发生以来，纽约警察局仇恨犯罪特别工作组（Hate Crimes Task Force）调查了14起与新冠肺炎疫情相关的仇恨犯罪，受害者均为亚裔。得克萨斯某官员声称：老年人愿意放弃生命，为经济建设中的年轻弄潮儿们换取一线生机（grandparents are willing to die for US economy）。③《纽约客》的亚裔记者在街边被一位老妇人当面训斥"滚回你自己的国家"。在英国，来自华为的5G信号塔被视为传播病毒的媒介而被烧毁。

人与病毒的距离是如此之近，没有人可以置身事外。其实，疾病本身并不与那些复杂的意义相关，是人类赋予其道德、文化、政治等诸多方面的意义。

三、风险无处不在

这个世界正在因为媒介的膨胀而经历一场危机，许多学者都指出，现代社会正在进入一个不可控的风险社会，一系列科学技术与环境安全问题成为新闻传播

---

① ［美］苏珊·桑塔格：《疾病的隐喻》，程巍译，上海译文出版社2003年版，第7页。

② ［美］苏珊·桑塔格：《疾病的隐喻》，程巍译，上海译文出版社2003年版，第121、123页。

③ USA Today, Texas′lieutenant governor suggests grandparents are willing to die for US economy，见 https：//www.usatoday.com/story/news/nation/2020/03/24/covid－19－texas－official－suggests－elderly－willing－die－economy/2905990001/。

中的重点内容，新闻媒体在传播风险信息时或由于一些失范行为造成许多新的风险，或放大风险加剧受众的不安和恐惧心理，或将官方与民间两个话语场域放置对立面激化社会矛盾。德国社会学家乌尔里希·贝克（Ulrich Beck）在其《风险社会》（Risk Society：Towards a New Modernity）一书中首次使用了"风险社会"的概念并提出了风险社会理论，指经过人类各种实践活动后所导致的全球性风险的社会发展阶段。在该阶段中，当采用某种方法解决问题时，会衍生出更多的需求，也会随之衍生出更多的问题。在疫情特殊时期，健康传播面临哪些风险呢？

（一）媒体跟风报道、密集性传播风险信息

市场经济下，媒体的同质化倾向明显，影响公众对新闻真实的判断。弗兰克·富里迪（Frank Furedi）在《恐惧》一书中表示，今日社会的恐惧是一个接一个，间隔时间短，目标范围广。受众是风险的承受群体，大众媒介是风险信息的控制群体。大众传媒作为有能力控制和降低风险的组织，在传播风险信息的过程中有过度之嫌。

在新媒体环境中，缺乏对信息的质疑也导致媒体中更多的是关于健康信息的谣言。健康信息本身对于信源的专业化有着极高的要求。

（二）新媒体强调公众立场，极化批评场域

通常来说，传统媒体的话语权偏向以政府为代表的官方立场，而以社交网络为代表的新媒体更偏向普通受众，他们要求民主参与、公开信息、参与政策制定和风险评估。新媒体相比传统媒体渗透性更强、传播范围更广、影响力更大，当新媒体的风险认知模型倾向于展示公众立场，而传统媒体在传达官方声音比较刻板、机械，缺少有效回应方式时，就会引起公众怀疑，激化其抵触心理，导致官方和民间的两个话语场域沟通不畅。

两条战线上同时展开的有针对传染病本身的疫情防控，还有在信息传播中针对谣言、伪科学等信息疫情的防控。自 2020 年 1 月 20 日钟南山院士提出新型冠状病毒肺炎存在人传人现象以后，N95、气溶胶、ECMO、核酸检测等概念急速

传播，多数人无法短时间消化，以讹传讹中极易引发歧义、误解甚至谣言。确诊病例数不断上升的同时，一团乱麻的传播困局使得疫情防控攻坚战更加困难重重。

（三）媒体用弱势群体的视觉形象放大风险

无论是新媒体还是传统媒体，在传达风险信息时都需要借助一些视觉形象来唤醒大众的情感共鸣，激起大众的风险认知。媒体通常选择借助老人、女性和儿童等弱势群体的形象作为风险信息载体，从而快速呈现风险并引发关注。这种对弱势群体不同程度的消费也放大强化了社会风险的程度。

（四）报道缺少逻辑性，健康传播面临更多挑战性

在涉及科技安全和环境安全的风险传播中，媒体偏向从公众的日常逻辑出发，基于特定认知对信息进行选择性理解和传播，缺乏有效的科学知识传播。"疫情全面发生后，公众对信息的需求非常迫切。"由于意识形态的差别，西方媒体在报道自身与中国的关系时经常选择不同的新闻框架，影响新闻框架的因素包括传播者个体、媒介组织、媒介惯例、外部因素和意识形态等层面。[①] 为应对疫情，中国和意大利均采取"封城"措施，《纽约时报》2020 年 3 月 8 日在其官方推特上发布了两条截然相反的推文，一条推文抨击中国损害民众的生活与自由，一条推文盛赞意大利为阻止疫情扩散而不惜牺牲经济。相同的"封城"措施招来截然不同的解读，"逢中必反"，将中国的任何行为都建构为负面的。

当前的健康传播虽然在新媒体加持下有了许多突破，但由于互联网去中心化的特点，人人都能发声的背后可能带来的是众声喧哗，使得健康传播在媒介生态环境中存在着许多问题，如健康营销大行其道，公共服务不到位而产生的谣言；信息同质化、飞沫化造成的虚假信息泛滥、医学专业与信息传播相结合的"把关

---

① ［美］帕梅拉·休梅克、斯蒂芬·基斯：《信息的中介：大众传媒内容影响理论》，朗曼出版社 1996 年版，第 3 - 5 页。

人"缺失；新媒体包装营销下的"伪专家""伪健康"盛行等情况，尤其是涉及人们生命安全的健康领域，新媒体给健康传播带来的风险与挑战并存。

第三节　全球抗疫形势下新媒体在健康传播 领域的应用与创新

在"浩如烟海"却又"贫瘠"的新媒体生态环境中，健康传播如何发挥力量？复盘全球抗疫经验，新媒体能为健康传播做些什么？健康传播的未来风向标是什么？

健康问题是关于人类生存和发展的本质问题，健康信息的传播离不开传播工具和传播渠道的不断拓展，考察健康传播自然离不开目前的媒介生态环境，可以说，当前的媒介生态环境改变了媒介的运作逻辑和人们的媒介使用习惯。健康信息作为一种典型的公共信息，其传播不可能仅仅局限在医院等专业医疗机构上，还需要传播在范围更广、影响力更大的大众媒介中。在这个过程中，大众传媒的作用不言而喻。不论是作为传统媒体龙头老大的电视，还是独当一面的新兴网络媒体，都是国民每天获取信息的重要途径。在健康知识的普及和宣传方面，媒体承担着振兴民族、促进国民综合健康素质提高的重任。在网络、移动、智能与数据技术增权的媒介生态中，延续与发展西方的公共健康传播学的实践视野，可以从行为科学导向和实证主义范式的拓展中，思考它在全球抗疫形势下的应用和创新。

在新媒体环境下，受众越发依赖媒介来满足他们对健康信息的需求，新媒体特别是专业类健康媒体可以更有效地为公众提供大众卫生和医学科普知识信息，向大众传播各种卫生防病控制的政策法规，以提高群众的公共卫生意识、自我保健意识和疾病防控能力，促进人们改变不健康的生活方式。

一、新媒体对健康传播的积极影响

（一）发布与传播健康信息，并有效遏制谣言扩散

健康码的快速普及生动彰显出媒介与社会发展的大趋势，即人与信息之间正在由之前的主客分离状态迅速融为一体。

随着大数据、算法推荐、人工智能等数字新媒体科技的到来，"身体"这一在信息传播领域凋敝已久的元素得到了前所未有的关注和重视。移动互联时代，智能电信终端与人体深度"黏合"，形成一种"具身关系"（Embodied Relationship）；由于移动电子设备均安设 GPS 定位系统，身体就仿若"位置媒介"（Locative Media），成为网络社会地图上行走的"光标"。健康码把原本存储于特定封闭系统内的孤岛式、静态式个人健康数据，与移动通信数据库、疾控中心数据库、交通运输系统、出入境管理系统等相互整合，形成一个动态的网络数据链。2020 年 2 月 9 日，中国深圳率先推出"深 i 您 – 健康码"，成为首个凭"码"出行的城市。2020 年 2 月 11 日，杭州市推出健康码管理模式，实施"绿码、黄码、红码"三色健康状态动态管理，并与钉钉平台打通。据中国互联网络信息中心（CNNIC）发布的第 47 次《中国互联网络发展状况统计报告》数据显示，疫情期间，全国一体化政务服务平台推出的"防疫健康码"，累计申领近 9 亿人，使用次数超过 400 亿人次，支持全国绝大部分地区实现"一码通行"。"健康码"一方面可以准确描绘出个体的行动轨迹，帮助防疫防控工作实现精准化管理；另一方面也给身处物理隔绝环境的公众创造了感知社会环境的新方式。公众通过智能手机等媒介终端，实现了身体数据连接以及与公众媒介的互嵌，智能科技、媒体、人、社群与社会之间呈现出一种新型的共生关系。

新媒体在发布与传递健康信息的同时也有效遏制了病毒及谣言的扩散。比疫情扩散更快的是谣言和恐慌，新媒体特别是专业类健康媒体可以更有效地为公众提供大众卫生和医学科普知识信息，向大众传播各种疾病预防控制的政策法规，以提高群众的公共卫生意识、自我保健意识和疾病防控能力，指导公众采取何种

措施规避风险，还可以对社会上流传的各种谣言进行及时遏制。

（二）提供寻医问药等咨询服务，进行预防和干预

传统线下的健康服务出现在了线上，方便了传播者的传播需求和受众的信息需求。随着网络技术的不断发展，健康信息也以更多元的方式进行传播。伴随着互联网通信技术的高速发展以及 4G、5G 网络的普及，网络使用人数大幅攀升。相较于传统大众媒体，移动媒体具有随时、随地、随身、易操作等特点。微博、微信等都是安装在智能手机上的应用程序，只要下载安装，用户就能随时随地检索健康信息，利用微信公众号平台进行健康教育传播，比传统媒体更方便快捷。

这种碎片化的阅读时间和碎片化的阅读内容，增强了互动性与易读性，能够使得受众更容易接受健康知识。

（三）意见领袖主动设置议题，促进信息的优化传播

在具体的健康传播中，机构组织或意见领袖可以主动设置议题，促进健康信息的优化传播；运用主体法，关注健康、关注社会和地球的可持续性，协同发挥新媒体在健康传播中的作用。自媒体平台的出现弥补了垂直类健康信息传播的空白，有效缩减了健康信息的传播过程并扩大了信息的传播范围。

有学者提出绿色新政（Green New Deal），它是将大流行后的绿色健康经济与气候议程和经济正义、再分配等联系起来，协调发挥新媒体在此间的作用。首先，政府部门合理管控，建立权威信息源；其次，专家学者承担社会责任，发布主流健康信息；再次，传统媒体有效引导，多元传播促进公众信任；最后，提升大众媒介素养，共同维护健康传播的良好氛围。然而，理想很丰满，现实很骨感。在新冠病毒的意识操纵过程中，操纵者动用了强大的国家机器、新闻媒体和发达的社交网络，夹带着意识形态的偏见和狂妄，不断设置议程和媒介议题，试图以西方主导的一元化话语操控大众意识，调动被操纵者的情绪，有节奏地一波又一波抹黑、污名化中国。为此，我们应当及时分享抗击新

冠肺炎疫情的中国故事和中国经验，发出中国声音，讲好中国故事，以消解西方话语霸权，抵御意识操纵。中国一方面通过传统的方式方法，如分享诊疗方案和疫情防控等技术文件，以远程会议和专家研讨开展技术交流等，与世界各国以及国际和地区组织开展公开透明的对话，分享中国有关实验室检测、流行病学调查、临床诊疗等防控经验和方案；另一方面，及时将我国疫情防控和诊疗方案的分享方式进行升级，迅速建设了基于互联网、移动互联网的新冠肺炎疫情防控网上知识中心，并向所有国家开放，带动世界医护人员对新冠肺炎疫情的认识不断升级迭代，传播中国经验，展示中国担当，为各国战胜疫情带去信心，也对新冠病毒的污名化和意识操纵进行了有力的反击。揭开新冠病毒意识操纵周围昏暗的神秘面纱，清除意识操纵背后具有物质和精神机器总动员能力的神秘化力量，让公开的光芒照亮疾病本身，从而使得意识操纵无处遁形。①反抗意识操纵的重要举措之一，就是要打破信息供应垄断，终结西方话语霸权，构建多元共存、和谐共生的话语新时代。

二、健康传播的知识引擎

健康传播不是关门写论文，而应该是体制、机制、媒体、民众多元共振的行动式研究。智能手机越来越普及，微信平台已经成为人们获取信息的方式之一，健康传播有了新的渠道。移动媒体的迅猛发展实现了大众足不出户就可以随时通过手机获取健康信息，"互联网＋医疗"时代已经来临。伴随着移动医疗健康行业的"线上＋线下"积极布局与推广，对用户使用习惯的培育、相关政策配套以及人们对移动医疗健康应用的认可度不断提高，未来几年内移动医疗健康应用在手机网民中享有日益广阔的市场。②

---

① 舒绍福：《病毒污名化：隐喻、意识操纵与应对》，《学术前沿》2020 年第 22 期。
② 艾媒咨询：《2016 年第二季度中国移动医疗健康市场行业研究报告》，见 https：//www. sohu. com/a/63681662_334205。

（一）掌握话语权，主动危机公关——大众媒介责无旁贷

虽然大众媒介长时期影响和改变人们态度、行为的功能尚有争论，但是毋庸置疑，它们可以有效提高人群对于健康问题的警惕性，进而加强社会防范。在健康传播实践的各个环节中，大众媒介对话语权的掌握和使用直接关系到健康保障的最终结果。

在健康危机中，大众媒介的话语权尤其突出。"比病毒更可怕的是流言"，以网络、短信、小道为传播渠道的搅扰人心的"流言"，给政府和医疗部门的防控工作带来了阻力。而当主流大众媒介开始积极出击，主动掌握话语权的时候，情况迅速发生了改变。可见，主流媒介丧失话语权将助长流言的大规模蔓延。流言存在的基础是人们希望对事物有进一步的了解，希望对隐约感到的威胁做出反应。流言是公众在社会生活情景中的一种应激状态。新冠肺炎疫情发生以后，公众渴求获知信息，网络、短信等缺少"把关人"监控的新的传播手段，由于其所蕴含的高度"信息失真"风险而最终导致了不实信息的扩散和人群的恐慌。

新闻媒介必须掌握对话语的控制权，抢先发出自己的声音，发布可靠的信息，才能牢牢掌握对舆论的引导。不仅如此，当健康危机来临时，新闻机构有责任进行有意识的危机公关，重塑大众媒介的权威，呼唤全社会的团结和理解，引导舆论导向，竭力稳定社会秩序。媒体不仅要将当下的事件报道好，更应该作整个社会的瞭望者，为社会的发展进步提供参考。对于疫情的报道，不能仅仅着眼于当下，而是要充分考虑到人们长远的现实需要，在报道中体现出媒体的思考和社会责任。

疫情报道始于疫情，但绝不能终于疫情。在现实生活中，每个人应该关注的是健康，而不是疾病。在疫情新闻报道中，媒体不仅仅要关注疾病本身的防治，也要注重对公众健康意识的培养。媒体作为一个社会公器，还有培养社会意识的职责。只有媒体在信息传播中不断提高人们的健康意识，才能形成一种全社会共同认可的健康价值理念。王洪钧在《大众传播与现代社会》中说到："盖大众传播事件，既非大众之教师，亦非大众之厨师，实为大众之医师。保护大众之心理

健康殆为大众传播事业之天职。"① 媒体应承担起社会责任，科学准确地报道信息，帮助受众认知风险、减少恐慌。

（二）信息公开——政府工作转换观念并提供法规保护

在健康传播的已有研究中，研究者反复强调，政府和媒介信息的准确性直接影响传播效果，关系到社会是否能够进入良性的健康防治状态。如果政府信息透明度不够、媒体监督失职，将大大损伤媒体和政府的公信力，在社会舆论中处于被动。反之，针对不同受众采取不同传播方法，确保准确信息及时通达各个层次的社会个体，将帮助整个社会形成坚固的健康防御体系。

国外有研究指出，在健康传播的四个研究环节（受众群体、健康信息、健康信源、传播渠道）中，政府的信息透明度也就是信源的有效性和可靠性是至关重要的。在健康传播过程中，政府部门可能充当不同的角色，例如，对健康信息置若罔闻（宣传虚假的健康信息或者误导）、介绍健康信息（对特定情况进行警示并提出安全措施）、传递健康信息（健康传播活动），政府有责任提供旨在保护社会公民健康的各种有用信息。② 值得注意的是，在此次新冠肺炎疫情中，中国政府是唯一能够进行战略思考且能动员全社会的有效机构，中国人民希望政府在这类问题上发挥领导作用，并能够遵循这一领导。

（三）国内外资源整合——加强健康传播中各机构的沟通协作

从对社会的影响来看，健康信息很明显具有一种公共资讯的意味。新科技与新媒介更带来了打破信息沟和数据知沟的局限的技术承诺。借由新型的信息与传播技术的辅助，实现健康信息的全民搜寻、健康服务的智能性拓展已渐成趋势；打破传统的健康宣教体系，开发面向全民的医疗科学、环境科学和健康科学的普及型健康智库、知识引擎和互动教育服务。

---

① 王洪钧：《大众传播与现代社会》，正中书局 1994 年版，第 24 页。
② Lawrence O. Gostin & Gail H. Javitt. Health Promotion and the First Amendment：Government Control of the Informational Environment. Milbank Quarterly 2001，79（4）：547～578.

健康传播就是在健康领域里的传播干预，有效的健康传播是政府、疾病防控部门、大众媒介、医疗单位互相沟通，良性互动的结果，这种信息资源的整合将有助于降低社会运行成本，提升整个社会的健康生活品质。

（四）医学＋科技传媒——专业融合互通

健康传播是一种将医学研究成果转化为大众的健康知识，并通过传播倡导或改变大众生活态度和行为方式从而降低患病率和死亡率，有效提高一个社区或国家生活质量和健康水准的行为。而今，人工智能、5G、智能传感器、推荐算法、大数据、虚拟仿真等前沿科技的快速发展正不断同时延伸，网络媒体与公众的数据感知力、情感表达力以及社会连接力，健康码、通信大数据行程卡、人脸识别、网络直播、在线教育、在线办公、远程医疗等网络应用几乎将所有公众都纳入网络空间之中。可以说，互联网正不断溢出其媒介属性，而逐渐形成一个肌理健全、社会角色完整、生态完整的虚拟网络社会。① 在新媒体时代，通过医疗健康大数据的国家工程建设，完成健康传播与智能媒体的融合成为实践领域最为关注的热点问题。

优化医疗卫生资源配置，实现大健康观下的医防结合，推动以医疗为中心的医疗联合体，转变为以预防和健康管理为中心的健康联合体，使医疗保险为公众的健康结果而非医疗卫生服务买单。完善健康服务体系，实现健康联合体内部上下联动。建立以健康结果为导向的医疗保险支付方式，倒逼服务供给侧改革，推动形成战略性购买机制。充分发挥信息时代互联互通的优势，深化健康大数据的治理与应用，助力公众健康管理。

另外，可以考虑建立医学与科技传媒相融合专业。媒体工作者万不可把一般的新闻传播学的理论一股脑地应用到科技新闻当中来，医学和科技新闻一直应当是审慎、客观、克制的。

---

① 吕欣等：《万物互联与人机共生——新冠肺炎疫情期间的网络传播实践与思考》，《传媒》2021 年第 4 期。

第四节　携手应对媒介生态危机、
打造人类卫生健康共同体

生态系统是一个能量流动和物质循环的动态系统，现实中的生态系统常受到外界的干扰，但干扰造成的损坏一般都可通过负反馈机制的自我调节作用得到修复，维持其稳定与平衡。然而，生态系统的调节能力是有一定限度的。当外界干扰压力很大，系统的变化超出其自我调节能力限度即生态阈限时，系统的自我调节能力随之丧失。此时，系统结构遭到破坏，功能受阻，整个系统受到严重伤害乃至崩溃，此即生态平衡失调。严重的生态平衡失调威胁到人类的生存时，称为生态危机，而现如今的媒介生态危机，则是伴随着互联网、新媒体技术的飞速发展，人与信息矛盾的激化而产生的，是人对媒介的不当和过度利用所引发的一种持续性危机。

我们要通过媒介的力量去改变，首先要改变"人类中心主义"观念，积极引导人类对自然的反思，平等地对待自然，保护自然，用"媒介—自然"层面的媒介生态文明引领整个社会发展。其次要将公共卫生与健康纳入国际社会关心的焦点。1992 年，联合国环境与发展大会通过的《里约环境与发展宣言》明确指出："人类处在关注持续发展的中心。他们有权同大自然协调一致从事健康的、创造财富的生活"。健康是人类生存和社会发展的基本条件，建设一个公平普惠、共享共建的健康社会不仅是人类对美好生活的憧憬和向往，也是人人均应享有的一项基本人权。构建人类命运共同体离不开构建人类卫生健康共同体。在全球化浪潮推动下，公共卫生安全已不再是一国的问题，便捷的交通运输系统和频繁的人口流动让疾病的传播更加无序，人类任何的健康负担都将毫无例外地成为全人类的共同负担，需要将人类赖以生存的星球看作一个生命共同体，把国际社会看作世界大家庭，共同构建人类命运共同体，迎接挑战、守望相助、共同发展。

"人类一体，地球一家"，有着共同的利益，就必须维系共同的存在。

新冠肺炎疫情仍在继续，未来也许还有更多全球公共卫生危机考验各国的公共卫生治理能力，但追求健康生活的福祉是全世界人类共同的追求，中国将会继续以一个负责任大国形象参与到全球公共卫生治理的行动中来，与世界各国共商共建，携手合作，共同构建一个和谐、健康、可持续的人类共同体家园。

| 第五章 |

博弈与突围：国际政治的失信与得道

重大疫情波及范围越广、持续时间越长、受波及的人和行业越多，对人们的生活方式影响越大，越容易对既有的国际政治格局，特别是处于竞争或对立关系中的国家和地区间的国际格局产生实质性的影响。有些影响当下就能够显现，有些影响则要过一段时间，甚至很长时间才能够逐步显现出来。新型冠状病毒引发的肺炎疫情于 2020 年年初开始在全球范围内传播，以美国为例，一年内已有超过 2000 万人感染，数十万人死亡。新冠病毒在地球上的传播不但没有任何停下来的迹象，反而在印度、欧洲等地区出现更大规模暴发，并进一步引发这些国家和地区疫情向更严重方向发展，也必然导致国际局势、国际政治长远而持久的变化。

重大疫情也是观察国际局势、国际力量发生变化的机会。尽管目前还没有明确的答案，但一些趋势或发展方向还是可以从不同国家和地区的应对思路、应对能力及应对效果来进行简单的比对。当然，在背后有着深刻的历史、文化、体制机制不同，甚至是国民性、国力及领导人能力等存在巨大差异的情况下，这样的比较难免流于表面或主观，但并不妨碍从中得出一些有益的启示。这些启示有助于我们理解疫情中世界各国和疫情后世界各国抗击疫情的得失，并为理解今后国际政治发展的方向提供一些基本的思路。

在当前互联网已经将世界各地的人们充分连接起来的情况下，每个人都可以通过社交媒体、门户网站和大量的群组信息服务了解周边、远处甚至是自己所感兴趣的任何地方的情况，个体也有机会以不同的方式了解疫情引发的社会变革、国际关系、国际秩序的重构，甚至在个别情况下以参与者的身份深入其中。

这是我们能够写这一章内容的前提。这些材料、思考和总结，不是一线工作人员的感受和体会，不是作为决策者事后的经验总结，更多是一个观察者、一个学者的思考，思考的主题是"博弈与突围：国际政治的失信与得道"。

第一节　没有什么比救人重要

无论是西方资本主义国家，还是社会主义国家，或者范围再扩大一点，封建制度下的中国与西欧，奴隶制度下的罗马和古希腊，只要是有人类文明记载的历史，人在制度中的地位、人在重大灾害面前，就文明的价值序列来讲，都应当是第一位的。也就是说，人在任何时候都应当是文明最重要的财富，也是任何情况下都应当尽力去挽救的。疫情条件下，哪种文明、哪种社会制度下的共同体都应当想方设法减少人的死亡。只有如此，文明才能更有力量，制度才能更有正当性，政权的合法性也就更强一些。这是人类社会自古及今不变的政治金律。

这条金律在现代社会更是上升为世界各国，尤其是以美国为代表的西方资本主义国家最基础的治国理念和制度设计时最重要的价值观，确立了个体在政治共同体中的地位，确立了个体在政治共同体中享有的基本权利和自由。同时，如何更好地保护个体享有的基本权利和自由，尤其是像生命权这样的权利，也成为约束现代西方国家的政治制度、法律制度非常重要的紧箍咒。在以英国政治家洛克为代表的政治哲学当中，国家或政府的正当性建立在对个体自由的承认和保障上，如果国家或政府做不到这一点，或做的不好，国家或政府的正当性便会因此而减弱甚至完全失去。极端情况下，个体甚至有权通过武装暴动的方式，推翻这样的政权。

这个由英国的洛克、霍布斯，法国的孟德斯鸠，荷兰的格劳秀斯等思想家确立的西方基本的政治哲学理念，成为西方国家代议制政府的基础，以理论上可能最容易保障人的基本权利的"三权分立"的形式写进了西方国家的基本法当中。这些基本的制度，无论是政治方面还是法律方面，都将政治制度的理想架构设计成把国家这种巨型怪兽对人的基本权利和自由的侵犯降低到最低的程度。所以，西方国家标榜自己制度的合理性、先进性和放之四海而皆准性。西方资本主义国家在近现代从传统社会向现代社会华丽转身之后长达 300 年的时间内，引领了机械革命、电力革命和信息革命，助长了以美国为代表的西方国家对自己道路的自满情结。第二次世界大战之后的世界各国，尤其是在获胜国家美国、英国、法国等主导下建立的联合国机制，以《公民权利与政治权利国际公约》为代表的世界人权条约确立的人权保护机制，更是将西方国家送到了道德的至高点上。有学者甚至在研究成果中断言，以美国为代表的西方国家的制度，代表了人类社会最高的水准，以至于发出了人类文明已经终结的感慨。

第二次世界大战结束之后，人权一直是西方国家手中一张屡试不爽的王牌，它们开动宣传机器，向全世界兜售自己的政治制度、法律制度和人权理念，把自己的制度打扮成至今人类社会所能够找到的最不坏的制度。这些西方国家口中最不坏的制度，如果没有新冠肺炎疫情所引发的世界各国的不同应对理念和应对方式，可能还会盛行很长一段时间。在社交媒体极度发达的情况下，西方资本主义国家在抗击疫情过程中的表现却让人大跌眼镜，也让许多人对西方资本主义国家所标榜的以人的自由和权利为中心的政治光环，瞬间从天堂跌落到了地狱。

为什么会有这样的结论？基于这几个方面的原因：首先，在以美国为首的西方国家开始应对这场席卷全球的疫情之前，中国已经做了很好的示范，然而在肩负全球卫生防疫之重任的世界卫生组织对中国抗击疫情遇到的问题向全世界进行了即时而恳切的预警的情况下，美国等西方国家仍然表现出了严重的抗疫不力，不仅浪费了中国以举国之力为西方国家赢得的窗口期，而且还在抗击疫情的过程中出现了一系列不科学、不人道的理念和举措。

这其中，最荒唐、最不人道的抗击疫情的作派便是以瑞典、英国为代表的群体免疫。所谓的群体免疫，就是将新型冠状病毒肺炎当作可以随着时间或随着气温的升高而能够降低传染和危害的流行性传染病，政府可以不必调动全社会的资源进行应对，只需要用足够多的国民去通过感染而自然获得免疫能力。无论牺牲的人数有多大，都当作自然规律来对待。

疫情在欧美国家的扩散和大面积传播，证明这个理论和做法是人民的灾难。推行这样的理念和做法，等于将成千上万的普通民众的生命直接暴露于病毒的攻击之下，让大家任由病毒摆布。这对于已经建立起现代管理体系，尤其是拥有现代医疗体系的西方国家的政府来讲，既是不负责任的，也是后果非常严重的。违背现代医学的基本伦理要求，也是极端反人类和极端危险的。

顺着群体免疫的逻辑往下走，还会衍生一系列的社会不公，尤其对广大的底层民众是极其不公的。他们没有基本的医疗条件，没有宽大的房子和充足的食物，需要冒着被感染的风险为自己的生计奔波。万一被感染，还需要自己花钱检测、自己承担超出他们能力的医疗费用，穷人在群体免疫的政策下就只能听天由命。这种政策对抵抗力差的老年人来讲，同样也是致命的，群体免疫政策容易导致大量的老年人死亡。美国、加拿大、英国等相继发生的养老院群体感染且大量死亡的案例，正是这些国家不负责任地推行群体免疫造成的直接后果。这项政策还造成了这些国家较为贫困的人群，比如美国的黑人更高的感染率和死亡率。

人，无论贫穷或富有，无论年纪大小，在面对人类社会突如其来的公共卫生事件时，都应当不加区别、不受歧视地获得政府提供的公共医疗救助，获得国家现有条件下能够提供的最好的、无差别的公共卫生服务。中国政府严格奉行的"应收尽收、应检尽检"以及全面免费治疗政策，既体现了政策上的公平、公正，也为取得更好的抗疫效果创造了条件。2020 年，中国成为 G20 国家当中经济增速唯一正增长的国家，这与中国政府始终把人民放在第一位有直接关系。

在疫情已经被证实人传人的情况下，以美国为首的西方国家仍然心存各种各样的侥幸，仍然不积极采取有效的应对措施。这都是没有把人的健康和生命放在第一位，都是把经济、利益看得比人的生命和健康还要贵重。这些做法与西方国家宪法中写明的尊重人的权利和自由理念是南辕北辙的。当然，也不可能期待奉行这种抗疫理念的国家，在抗击疫情的过程中取得好的成绩。

第二节　西方民主制度的反思

西方国家在随着国力的提升而扩大自己影响的过程中，总是喜欢把西方的民主，即由选票来解决一切问题的思路，通过武力或其他方式，尽可能地向其他地区扩散。没有实行民主制的国家和地区，或拒绝按照西方设计的方案来组织、安排政治生活的国家和地区，则很容易被西方的政客、学者甚至是普通民众归入专制、独裁之列。在西方国家的媒体、社交平台成为其输出价值观平台的情况下，在没有对等的对手的情况下，民主俨然成了西方国家长期占据政治道德、道义至高点的重要工具之一。

但在抗击新冠肺炎疫情的过程中，民主在美国、英国这样典型的民主国家，却有着各种各样表现不尽如人意的地方。比如，按照民主制精心设计的政党政治制度，在疫情与两党竞逐美国总统的时间契合的情况下，两党制存在的分歧并没有因为疫情的到来和每天上万人确诊及几千人死亡而弥合，疫情所引发的经济、政治甚至是民生方面的危机，也并未成为两党团结起来的催化剂。

面对疫情，通过一系列民主程序选举出来的官员，并不能够以国家民族利益为重，以人民的生命财产和安全为重，不能以更有效抗击疫情的要求为重，而是以自己能不能够获得连任的选票为重，以攻击和抹黑对手为重。这就让党派之争凌驾在了共同抗击疫情的公众生命、健康危险之上，凌驾在了公共利益之上。这样的民主，成了不同政党手中的私器，不仅难以发挥正常的作用，当需要联合起来对付人类共同的敌人，也是对立的两党共同的敌人，即病毒的时候，民主反而成为扯后腿的一种机制。

不少人迷信西式民主的原因之一，在于西式民主的纠错机制，即它能让被选举上的官员真正做到负责，如果在任上不为选民的利益负责，不仅会受到媒体的批评，而且在下次大选来临的时候，还会因为自己表现不佳而被选民们抛弃，失去选票和选票后面所代表的行使公共权力的职位。在这种情况下，定期选举成了保证官员们或行政系统履行好职责、为人民负责的灵丹妙药。

确实，选举是由选票来决定结果，人民可以根据候选人的表现将自己的票投向中意的人，也可以在下次选举的时候重新行使自己的权利。但谁来保证选上来的官员能够正确、尽心尽力地履行自己的职责呢？谁来保证官僚集团组成的是一个负责任的管理团队呢？在这一点上，现代的民主制度也没有解决这一问题的良方。选民实际上只能为自己的选举结果负责，在下次选举到来之前，选民多数情况下只能忍受不称职的官员或官僚集团在任上浪费选民的信任。

抗击疫情期间，美国为公共卫生系统供养的大批官员，并没有在第一时间行动起来，特朗普在回答记者们就疫情提出的各种问题的时候，不仅不专业，而且有大量欺骗甚至是误导民众的地方，甚至出现了民众因为信任特朗普推荐的药品而误食丧命的情况。特朗普政府对口罩的敌视，导致大量民众增加了被感染的风险。同时，因为这些官员掌握公共话语权和其他公共资源，即使有大量的民众对他们表达了不满情绪，但并不能阻止他们获得其他更多的可能是不明真相的人的支持。

这反应出了民主制度的一项重大缺陷，即虽然民众可以选举官员，但并不能确保官员们在任时尽职尽责。四年或其他固定、非固定期限的任职方式看似民主，看似对官员是个约束，也就是说在任期结束的时候，理论上可以将不称职的官员更换，但能不能保证选上去的新官员比下去的官员更称职、更尽责，民主制度并不能解决实际的问题。遇到像新冠肺炎疫情这样的突发性公共卫生事件，整个官僚系统表现得低效、无能，还不想为此承担任何的管理责任。而民主制度复杂的程序设计又让一般的民众，哪怕是组织起来的民众，不知道如何更有效地对付这样的官员和这样大面积不负责任的官僚集团。

民主制度还有个弊端在这次疫情过程中表现得特别明显，就是西方民主制下的官员因为受制于选票，是选票确定了官员是否能够担任公职并掌握公共权力，导致官员或官僚阶层表现出对是否能够获得选票的高度重视，甚至将其作为一切工作的出发点。这种体制下，正如我们在这次疫情期间观察到的那样，对官员来讲，民众的情绪才是最大的问题。这才有美国疫情非常严重的情况下，官员们为了稳定民众情绪而故意隐瞒疫情的作法；同时，当疫情呈现出不可控的情况，又将精力更多地放在把责任推卸给中国或其他方面。除非疫情对民众情绪的影响会导致自己丢失选票，否则疫情与自己没有直接关系。在民众的情绪与疫情无关或者可以通过制造谣言来扭转民众情绪，可以通过谣言或政治性的表态来获得更多选票的情况下，政客们甚至可以不去关心疫情，而专注于制造谣言。

第三节　西方自由的迷失

在构建现代政治、法律体系过程中，西方世界首先从人的发现和人的解放开始。无论是德国马丁·路德反对教会权威而提出的因信称义，还是英国约翰·洛克等古典自由主义学者提出的政府正当性条件，亦或是让知识进入普通百姓家里的印刷术、让地理学知识重新写就的哥白尼等人的学说及遭遇，都有一个中心的诉求，就是个体被发现并被置于中心位置后的个体解放和个体自由。能不能更好地维护和确保个体享受和行使基本的权利和自由，成为国家行为、政府行为是否正当的主要依据。

自由被西方近现代政治哲学抬到了一切政治组织形式最高的价值诉求和目标的高度，是否能够为个体提供摆脱集体或权力奴役的体制和机制成为衡量一切政权组织形式是否具有合法性、是否能够被每个个体拥护的前提。也就是说，只有不遗余力并且能够合理保障个体基本自由的制度，才是合法的，才是正当的。如果政权或政治、法律制度背离了这个目标，个体通过社会契约、通过放弃自己一部分权力、权利和自由而组成的政府，就失去了正当性和合法性，民众就有权利通过任何可能运用的方式，包括武力的方式将其推翻。

怎样保证政府的存续及运转能够始终以保护个体基本的自由为初心，以英国、美国为代表的西方资本主义国家不仅从顶层设计的角度确立了分权、制衡的基本原则，还精心设计了一系列个体所享有的基本的权利和自由，并为这些权利和自由的行使和实现设计了复杂的程序，加上西方一代又一代学者的精心论证，构建起来一座座自由哲学的大厦，为西方的政治、法律实践提供正当性基础，成为西方国家软实力的重要组成部分。

西方的政治法律哲学及其构建的司法程序的终极目标是，一方面能够在制度设计上有效预防政府这个超级怪兽成为自由的杀手，成为侵犯个体权利的怪物；另一方面又以民众所享有的一系列相互关联并且在任何情况下都应当保护的基本权利和自由作为政府运行的价值准绳。这些内容成为大多数西方政治家、法官等的最基础、最常用的话语体系，加之西方世界在舆论宣传、殖民过程中形成的语言霸权方面的知识体系、言说体系所具有的长达几百年的优势地位，这一套以个体自由为一切制度和人类实践为根本遵循的政治、法律哲学，一度成为人类社会最高的价值形态。

现代西方国家的政治、法律实践，也可以看作探寻个体自由不断丰富、完善和发展的过程，也可以看作法律体系及其他社会规范努力实践的最理想的目标。继十六、十七世纪西方的政治学者们开出的一系列权利和自由清单陆续进入到西方国家早期的宪法性法律之后，第二次世界大战后世界各国共同参与形成的联合国主导制定的一系列国际人权条约，美洲和欧洲、非洲等地区性人权条约，也都开具了具体而详细的个体权利和自由清单，在强调国家须无条件保障人的基本权利和自由的同时，也对国家在极个别情况下剥夺或限制个体权利和自由设置了各种程序性限制。现代西方国家的法律体系的演变历程，包括第二次世界大战之后建构国际人权体系的过程，同时也是权利谱系不断繁衍生息，权利和自由的类型不断扩大的过程。

自由在现代西方国家甚至是非西方国家的不断扩大，最直接的结果便是个人主义不受节制地膨胀，个人主义越过了越来越多的界限，不断开拓自己新的领地和疆域，成为西方国家动辄指责甚至干预其他国家和地区内政的借口，也是西方国家善于运用并常常将其发挥到极致的软实力。新冠肺炎疫情的来临，成为西方国家节节溃败的一个致命诱因。在中国成功为西方国家赢得了时间的基础上，在中国已经为西方国家提供了较为成功的应对模式的情况下，以美国为首的西方国家在抗击疫情的过程中，仍然表现出了各种各样的几乎是令人难以置信的低效和无能。造成这种状况的原因，很大程度上要归功于西方国家久远而强大的自由主义传统。

西方自由主义传统对抗击疫情产生的负面影响，表现在诸多方面。根深蒂固的自由主义传统，从功能上排斥国家做大做强，"大社会、小政府"成为大家的共识。而"大社会、小政府"必然产生国家能力的弱化和退化，这种退化又会借助官僚主义复杂、繁琐的程序而加深国家在遇到重大疫情时候的无能为力。再加上西方国家资本主导的现状，无疑助长了疫情期间政治纷争、党争甚至是利益之争高于疫情防控的现状，导致一方面民众在大量感染、大量死亡，国家的抗疫全面陷于混乱，另一方面又无政党、政府官员为这种日益恶化的现状负责。

事实反复证明，在国家遇到重大灾难，尤其是像新冠肺炎疫情这样传染性极强的公共卫生事件的时候，要想取得对病毒理想的反击效果，非常需要强有力的政府来统筹、协调各方面的力量，全力做好抗击疫情的各项工作。但不幸的是，西方社会并没有表现出强有力的组织和动员能力，导致所采取的各项措施要么错过了最佳的时间节点，要么显示出因为能力欠缺而导致的"心有余而力不足"。像美国这样采取联邦体制的国家，联邦政府和地方政府的双层架构使两级政府在共同应对疫情方面，增加了许多不必要的损耗，严重影响了政府各项工作的效率。在美国大选年的背景下，对选票的过分看重更加重了政府在抗击疫情方面的无力和低效。

对个体权利和自由的尊重并从法律制度上予以充分保障并无不当，但如何在充分保障个体权利和自由的前提下，防止个体自由或权利的滥用、防止个体将自己的便利、自由等凌驾于社会公共利益之上，防止个体以一己之私冲击政府的防疫措施并导致政府无法落地相关的防疫政策，是这次疫情期间西方国家普遍存在的问题。美国等西方国家的民众在如何通过自身努力、通过与周边人联合起来共同防止病毒蔓延方面，表现出了太多的不理智甚至是公然的反智、反科学。可以说，西方国家的许多个体以自由之名而实施的大量有利于病毒传播的个体和集体行为，是导致西方国家疫情失去控制的主要原因之一。

　　本章围绕美国的抗疫表现及背后的理念、制度和价值观竞争，从政治制度、政治理念的角度展开相关的讨论；检视在涉及人的生存、尊严及可持续发展等方面，以美国为代表的西方国家所奉行、秉持的传统理念，在抗击疫情及应对这次危机时遇到的挑战，从而提示必须从人类命运共同体的高度，联合其他国家，才能早日走出疫情困境。

| 第六章 |

偏见与包容：文化差异与文明对话

除了科学知识的研究和普及，公共卫生制度的危机应对和自我完善、政治制度的联盟或对抗、新冠肺炎疫情在全球范围内的发生和发展，触发了世界各国在文明和文化层面的深层次相遇，产生了诸多的疫情文化现象，其中既有文明等级论的再版，有多元文化的自我调试和救赎，也有以东方主义和种族主义等为代表的文化偏见。面对疫情下复杂而多元的文化生态，我们需要提问：新冠肺炎疫情在文化棱镜中如何被折射？文化模式的差异如何对疫情进行不同编码，又呈现出应对疫情的多元文化现象？文化间的解码差异又如何被展现和放大从而导致文化冲突？传统媒介和新兴媒介在其中扮演的角色又如何？

本章在新冠肺炎疫情全球扩散的背景下，对围绕疫情的编码解码的文化差异和冲突进行扫描和分析，目的是以跨文化视角解析突发性重大公共卫生事件带来的认知影响。最后，本章将提升到文明对话的角度，对后疫情时代的文明新秩序进行尝试性的探讨。

第一节　在地性与多样性：透视新冠肺炎
疫情的文化棱镜

对大多数公众来说，有关新冠肺炎疫情的故事都是"媒介化"接触的结果。卫生健康领域的专业科普和应急渠道在疫情初期是缺位的，也由于自身的精英主义色彩而无法在短期内实现有效的公共服务和社会动员。因此，各类媒介平台成为公众知晓、理解和转发疫情信息，内化、编织和转发疫情故事的主要工具，从而参与型构了一个动态而复杂的疫情传播生态。除此之外，公众往往在自身所处的文化语境和社区生态中进行着有关疫情的信息获取和讨论，以及发展出在地化的、多样化的抗疫行动。不管是在个体层面，还是在集体层面，文化系统对疫情传播和抗疫行动的过滤和催化都十分显著。在这个意义上，疫情传播超越了科学话语和专业主义，从而带有丰富的社会语境和文化光谱。这一广义上的文化现象可以在防疫手段、隔离方式，以及针对口罩和其他国家的态度上找到具体的表现。本章选择几种有代表性的文化现象，透析围绕新冠肺炎疫情的多元文化样态和复杂文化张力。

一、居家隔离的多元文化样态

新冠肺炎疫情在全球蔓延之时，世界各国将施行标准化的疫情防控手段视为第一要务。尽管戴口罩、穿隔离防护服是现代医学意义上标准的传染病和流行性疾病防治措施，但由于受不同的文化传统和文化生活方式的影响，世界各地区、各国民众有关口罩和隔离的看法、应对方式皆存在着明显的地方性差异。全球各地民众的疫情防护并没有统一地呈现出戴专业医用口罩、穿标准防护服的情形，相反，多元的地方文化成为影响世界各地民众采取多样化的居家隔离和外出防护手段的主导性影响因素。

自 2020 年 2 月下旬起，新冠肺炎疫情开始在全球范围内加速扩散。2020 年 3 月 11 日，世界卫生组织总干事谭德塞宣布，此前被称为"国际关注的公共卫生紧急事件"的新冠肺炎疫情已构成"全球大流行"（pandemic）。韩国、意大利、西班牙、波兰、丹麦等国家先后开始采取封锁城区、学校停学、限制公众集会、暂停国际航班、关闭边境等多项防止疫情进一步扩散的措施。在各国预警等级升至最高、各个城市进入公共卫生紧急状态的背景下，各国民众不得不开始了居家隔离生活，并开始面临日常生活的重新组织，尤其是从线下到线上，从社区性到家庭性，从工作到娱乐的转型。

其间，我们观察到由于社会距离的增加所导致的社会焦虑情绪上升，以及由于生活物资配给问题所导致的生活困境。然而，更具有文化多样性的面向来自居家隔离期间的娱乐消遣上。在居家隔离的娱乐消遣上，带有不同文化基因的各国民众将兴趣和特长发挥到极致，创造出了在疫情所导致的物理流动性降低、社会距离扩大和社会心理压力增加前提下依然丰富多彩的娱乐方式。在欧洲，来自意大利的"阳台隔离文化"备受关注①。意大利人民在全国发起快闪活动，邀请意大利的音乐家们打开窗户，在阳台共同弹奏，开免费音乐会。"全民艺术家"成了意大利民众在疫情期间居家隔离的关键词，他们在自家阳台高歌，唱经典意大利戏剧，根据个人喜好组建乐队并且以露天演出的方式展现了独特的意大利式"阳台隔离文化"，在排解居家隔离的郁闷和无奈心情的同时也为防疫一线的医护人员加油鼓劲。无独有偶，芬兰的瓦斯克瑞（Vaskivuori）高中合唱团在疫情期间利用网络上演了云合唱——Song of the Fearless（无畏之歌），芬兰拉赫蒂交

图6-1 意大利民众在自家阳台演奏

---

① 艺集：《隔离在家的意大利人民，举办了盛大的阳台音乐会，以艺抗"疫"》，见 https：//baijiahao. baidu. com/s？ id = 1661659618644942000&wfr = spider&for = pc。

响乐团（Lahti Symphony Orchestra）的 62 位音乐家参与演奏西贝柳斯的代表作《芬兰颂》，通过云端的合作给居家隔离的人们提供了多样化的娱乐消遣。

图 6－2　芬兰拉赫蒂交响乐团演奏《芬兰颂》

中国民众的居家隔离生活则以美食为重心，全民、全网宅家自制美食在中国成为"时尚新风潮"。历来有"民以食为天"传统的中国人在居家隔离期间不断钻研美食菜谱，练就精湛厨艺，在社交网络上花式秀美食。据抖音发布的全民战疫居家烹饪大数据，2020 年 1 月 24 日至 3 月 9 日间，抖音最火的自制美食前三位分别是电饭煲蛋糕、凉皮和油条。化身中华小当家的中国民众不但继承优良的中华美食文化基因，还乐于将宅家自制的各类美食展示在社交网络平台，进行自我表露。除宅家自制美食之外，"云聚餐"也是中国民众居家隔离的一种娱乐方式。全民居家的隔离时期恰逢中国传统的春节假期，与家人团聚的中国传统和疫情期间"不聚集"的隔离要求相撞，中国民众采取"云聚餐"的新方式来与家人、朋友维持亲情联系。人们各自在家里摆好酒席，利用微信视频聊天功能展开云端的团聚群聊，打开摄像头共同举杯庆祝新春佳节。

另外，在居家隔离的防治宣传上，"萌系隔离"西班牙和"发明家"印度均以意想不到的方式为防控疫情加上了独具特色的注解。西班牙警察在用警车广播对社区居民宣读政府有关延长居家隔离时限的规定时，化身受儿童喜爱的卡通形象皮卡丘，用皮卡丘式的萌系发音为居家隔离的儿童们读鼓励信，以拉近与儿童的心理距离，在劝导民众加强疫情防范意识的同时成功"出圈"，引起网民热议。同样是劝导民众减少出门次数、严肃对待疫情，印度警察则在外形设计上做文章，换上以新型冠状病毒外形为设计理念的全套装备，玩起了新冠病毒的角色扮演，巡逻出街（如图 6 – 3）；以新冠病毒为外形的汽车（如图 6 – 4）被用来警示印度民众应严肃对待居家隔离；"新冠肺炎号"远距摩托车（图 6 – 5）成为印度民众在隔离期间外出使用的安全交通工具。

图 6 – 3　印度警队穿新冠套装巡逻，cos 病毒劝导民众注重防疫①

①　原图标题：Rajesh Babu, a police officer, wearing a helmet depicting coronavirus, asks a commuter to stay at home during a 21 – day nationwide lockdown to limit the spreading of coronavirus disease in Chennai, India, March 28, 2020. REUTERS/P. Ravikumar/File Photo，来源：https：// globalnews. ca/news/6767617/coronavirus – helmets – india – police/]

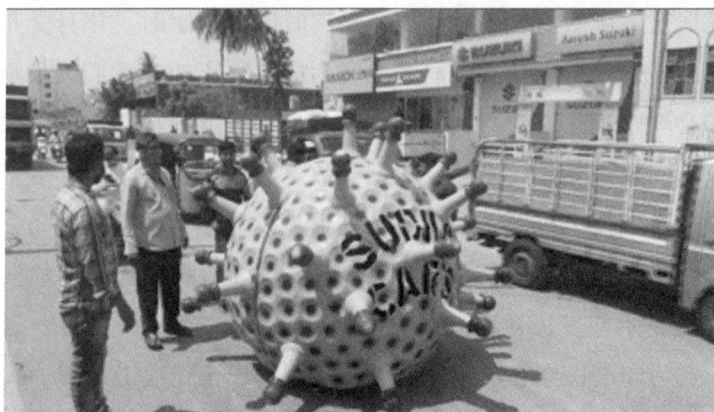

图 6 - 4　印度男子发明的新冠外形汽车①

图 6 - 5　印度机械师 Saha 发明的远距摩托车②

---

① 2020 年 4 月 8 日，印度一名男子公开展示了自己发明的新冠外形汽车，并计划在印度海得拉巴市附近开车，以此提醒人们封锁期间不要外出。这辆车有 6 个轮子，时速最高可达每小时 40 公里，目前已被印度海得拉巴市博物馆收藏。图片原标题为：A man in Hyderabad has manufactured a single - seater vehicle that's shaped like a coronavirus to spread awareness about the COVID - 19 pandemic Photo：AFPTV / Noah SEELAM，来源：https：//www. ibtimes. com/indian - inventor - revs - corona - car - drive - home - lockdown - message - 2955101

② 图片为视频截图。视频来源：《为保持社交距离 印度发明 3 米长摩托车》，见 http：//video. sina. com. cn/p/news/2020 - 05 - 03/detail - iircuyvi1071746. d. html。

面对新冠肺炎疫情，世界各国民众根据现实情况做出的应激式反应凸显了巨大的文化差异，通过动员可利用的在地化文化资源，实现疫情期间的隔离防护和心灵慰藉，并努力恢复社会秩序。多元的地方文化、具有悠久历史的本地传统和独特的生活方式是影响世界各地区、各国民众做出疫情传播和抗疫行动的多元文化选择的内在动因。这一文化表达和行动的多样性往往是被卫生和健康的专业主义科学话语所遮蔽的，而在科学力量和专业群体无法提供公共卫生危机的解决方案时，这一系列的文化传播扮演着填补社会信息需求、情感需求和交往需求的角色，具有重要的社会意义。在所谓的后疫情时代，我们仍需要关注文化棱镜下的社会心理和社会行为。

二、外出防护的观念差异：以口罩为焦点的文化分歧

由于新冠病毒的空气传播特性，在疫情伊始，戴口罩被亚洲尤其是东亚地区的政府和民众共同认为是最有效的外出防护手段之一。然而，在欧美国家，作为一种防护手段的口罩却遭遇不解、排斥和抵抗。戴口罩的亚洲人也受到了西方社会的标签化，比如"行走的病毒"，更甚者还遭受了暴力袭击。中国政府和民间的对外捐赠口罩等防疫物资行为也屡屡被打上"政治化"解读的标签，被西方媒体称为"口罩外交"。从民间视角来说，欧美民众不戴口罩的现象在中国民众眼里成为不可思议且不顾生命代价的危险行为，而秉承戴口罩并不能有效阻断病毒传播、在非人口密集区无需口罩防护理念的欧美民众同样无法理解中国民众为何执着于戴口罩。一方面，亚洲社会与欧美社会在"疫情期间外出是否需要戴口罩"这一问题上存在的巨大观念性差异呈现出深刻的文化误解，不同口罩观的碰撞亟需文化解码和对话。另一方面，由于全球新冠肺炎疫情的不断扩散和抗疫现实情况的多变，"口罩"问题呈现出"反转"变局，欧美社会对口罩原有的对抗性态度开始发生改变，其内因也更需深究。疫情期间，CNN 不断播放的一则"请戴口罩"（Please wear a mask）的公益广告既暗示了美国社会持续存在的不屑和抵制心理，也代表了一种苦口婆心的劝服努力。越来越多的西方民众开始认识到戴口罩的重要性，至少是在功能性的防护层面。但在文化层面，能

否接受口罩作为一个常规防护手段，尤其是戴口罩所引发的社会距离、心理安全乃至文化歧视，仍然是一个不可轻易下结论的问题。笔者认为，即便是在如此重大的公共卫生危机语境下，根深蒂固的文化偏见仍然难以撼动。

对于口罩的多元乃至对抗式文化解码需从亚洲尤其是东亚口罩文化和欧美社会口罩观二者的对比入手。在亚洲地区，日本在 1918 年西班牙流感暴发之时将戴口罩作为一种预防流感的普遍做法①。经历了漫长的历史演变后，口罩文化在亚洲其他国家盛行，其内涵也逐渐丰富：日本、韩国和中国等国家的民众在日常生活中佩戴口罩以隔绝空气中微小且有害身体健康的污染物（如 PM2.5 雾霾污染），在较为寒冷的冬季也将口罩作为御寒保暖的生活用品；在创造出全球流行文化影响力的韩流时尚的韩国，口罩不仅成为"外观主义"文化②的组成物，也是韩国青少年拥护的"口罩时尚"的载体；在日本，口罩作为"社交防火墙"，成为安全感的象征，利用口罩遮住面部的瑕疵、减弱自身的存在感是一种受日本人普遍认可的文化规范。然而在社交互动中，展示自己的身份并进行目光交流时，面部表情非常重要，换句话说，任何隔离直接的面部交往的介质都是不被欢迎的。由于疫情所导致的社交距离的增加，欧美国家为代表的西方社会宁愿减少社交活动乃至充满社会交往的公共活动，也不愿通过佩戴口罩等方式"勉强"维持这些活动的进行。在很多情况下，健康或者安全甚至不是最重要的考虑因素。这在一定程度上折射出亚洲地区与欧美社会在佩戴口罩问题上的文化态度的巨大反差性。因此，当新冠肺炎疫情席卷人类社会之时，赢得亚洲民众普遍认可的口罩却因难以获得欧美社会的认可而遭到排斥。

除了追溯亚洲的"口罩文化"所带来的文化影响，辨析亚洲地区和欧美国家在文化价值观上的深层结构性差异也能给出另一面的解码阐释。集体主义的文

---

① Sarah Zheng, Face masks and coronavirus: how culture affects your decision to wear one, South China Morning Post, 2020 年 3 月 14 日。

② 《韩国的"外观主义"文化：韩国女学生在不化妆的时候会用口罩遮住脸》，来源：Madeline Joung, Face Mask Culture Common in East, New to West, 见 https://www.voanews.com/science - health/coronavirus - outbreak/face - mask - culture - common - east - new - west。

化价值观引导着亚洲民众做出文化选择，即戴口罩象征着集体主义的团结，是一种集体主义的社会仪式。在具有集体主义文化因素的东亚国家，社会民众以戴口罩的方式来履行其减少疾病传播的集体责任①，并且这种方式象征着团结一心战胜疫情。这与以个体主义文化价值观为主导的欧美社会截然不同，追求"自由"的欧美民众认为"个人有选择戴口罩或不戴口罩的自由"，并且"在西方许多国家，口罩本身就代表疾病，人们只有在有症状时才戴上口罩"。这也解释了为何在疫情发生之初，欧美国家的民众拒绝以戴口罩的方式来进行自我防护，他们坚信戴口罩对病毒传染并无明显阻碍作用，且"口罩会带来虚假安全感，使得人们忘记保持社交距离、勤洗手和不触碰面部的有效预防措施"；除此之外，在欧美社会戴口罩出门会引发公众的恐慌情绪，也可能进一步造成暴力冲突和种族歧视②。但是，随着全球疫情的不断扩散，欧美民众对戴口罩一事的态度并非一成不变，口罩"反转"在欧美社会中后期持续抗疫的过程中再次成为与口罩有关的文化焦点。

口罩"反转"一事具体体现在欧美国家的政府机构、医疗组织和新闻媒体报道对民众外出应佩戴口罩的强调上，这一方面是由于欧美国家的口罩生产与供应现实情况从抗疫初期的医疗物资短缺逐渐转向正常供应，另一方面，中国民众外出戴口罩的防护经验和中国抗击疫情取得有效进展也促使欧美社会重新看待口罩的防护作用。在新冠病毒无症状感染者频频出现，新冠肺炎疫情的扩散持续升级和世界卫生组织、各国医疗机构给出戴口罩的医学建议的合力之下，外出时戴上口罩已基本成为欧美社会能够接受的防护措施。然而，我们并不能因此认为戴口罩会成为一种疫情期间的全球共识，有关口罩的文化误解尚未完全解开，欧美

---

① Madeline Joung, Face Mask Culture Common in East, New to West, VOANEWS, 2020 年 4 月 2 日，见 https：//www. voanews. com/science – health/coronavirus – outbreak/face – mask – culture – common – east – new – west。

② 疫情期间，海外华人、留学生因戴口罩被另眼看待从而遭受歧视、侮辱和暴力攻击。相关新闻如：《疑因疫情受歧视，新加坡学生伦敦街头被打成重伤》，东方网·纵相新闻，见 https：//news. china. com/international/1000/20200304/37868232_all. html；《因戴口罩出门，中国留学生被攻击》，观察者网，见 https：//www. sohu. com/a/370138264_115479。

社会的部分民众仍然表示坚决不戴口罩。《南华早报》（South China Morning Post）记者 Sarah Zheng 在其文章中指出，尽管西方人可能会因对流行病的担忧而暂时减少对口罩的抵抗，但要长期改变这种深层次的文化影响将是困难的①。

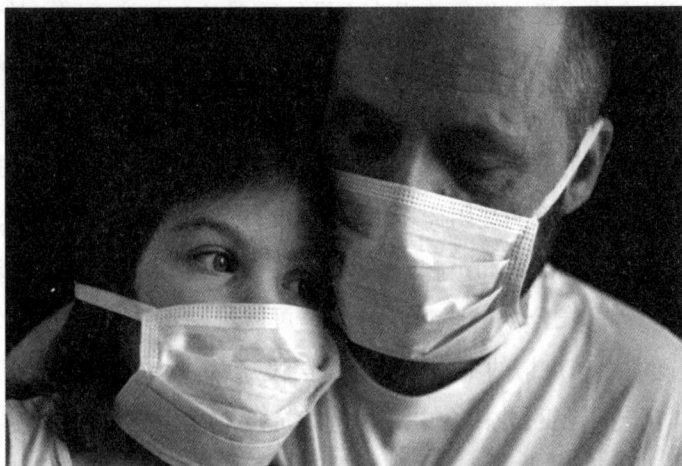

图 6-7　戴口罩的西方人②

第二节　疫情的媒介化传播：
文化间的对话与冲突

一、建制化媒体的结构性传播

面对具有"大流行"性质的新冠肺炎疫情，建制化媒体扮演着举足轻重的

---

① Sarah Zheng, Face masks and coronavirus: how culture affects your decision to wear one, South China Morning Post, 2020 年 3 月 14 日。

② 图片来源：https://www.newsweek.com/coronavirus-face-masks-home-transmission-1507001。

信息发布、危机处理和社会动员的角色。其中，世界卫生组织、各国政府机构和主流媒体三方主导着与疫情有关的信息、观点的扩散与传播，裹挟着政治立场乃至质疑与指责的文化冲突频起。

新冠肺炎疫情发生后，世界卫生组织随即启动了突发卫生事件应对合作机制①，联合全球卫生群组、紧急医疗队、全球疫情警报和反应网络、后备合作伙伴和机构间常设委员会共同发挥作用。依据国家突发卫生事件防范和《国际卫生条例（2005）》（International Health Regulations，简称 IHR），世界卫生组织确保各国建立对所有危害类型突发事件的风险管理能力，扮演协调联动各国应对疫情的中介者角色。为应对突如其来的新冠肺炎疫情，世界卫生组织在官方网站主页设置新冠疫情专栏，搜集汇总有关疫情的信息并及时发布（如图 6 - 8）。

图 6 - 8　世界卫生组织官方网站首页截图

---

①　世界卫生组织的突发卫生事件应对合作机制包括全球卫生群组：300 多个伙伴在 24 个受危机影响国家开展应对工作；紧急医疗队：来自被世卫组织归类的 25 个国家的 60 多个医疗队，在突发事件发生后提供临床护理，预期紧急医疗队数量不久将增至 200 个；全球疫情警报和反应网络：自 2000 年以来，约有 2500 名卫生人员响应了 80 个国家的 130 多起突发公共卫生事件；后备合作伙伴：2015 年，世卫组织的后备合作伙伴向 18 个国家部署了 207 个月人员支持；机构间常设委员会：世卫组织是机构间常设委员会的积极成员，该委员会是协调机构间人道主义援助工作的主要机制，以便在紧急救济协调员领导下应对复杂和重大的突发事件。资料来源：https：//www. who. int/features/qa/health - emergencies - programme/zh/

以新冠肺炎疫情为核心话题，世界卫生组织建立了网站专栏、媒体通报会和医疗学习与信息发布 APP 一整套信息发布机制：世界卫生组织在其官方网站设有新冠肺炎疫情的专属板块，"关于 COVID – 19 的常见问答""公众如何保护自己""治疗 COVID – 19 的'团结'临床试验""COVID – 19 技术指南""传言和事实"以及"居家期间如何保持健康"几大专栏覆盖了新冠肺炎疫情发生以来的诸多焦点话题。其中，"传言和事实"专栏针对与新冠肺炎疫情有关的谣言进行辟谣（如图 6 – 9），比如"5G 移动网络不会传播 COVID – 19""如正确佩戴，长期使用医用口罩不会导致二氧化碳中毒或缺氧"。世界卫生组织也在不断提高有关新冠肺炎疫情的信息公共服务水平。自 2020 年 4 月 24 日起，世界卫生组织以网络直播的形式每两天开一次新冠肺炎疫情媒体通报会，对疫情的发展进行持续追踪和通报，同时每日发布疫情最新情况报告，统计并公布全球范围内的新冠肺炎确诊病例、疑似病例和死亡病例数量。2020 年 5 月 13

图 6 – 9　世卫组织官方网站上的"传言与事实"专栏

日，世界卫生组织宣布推出"世卫组织学院"（WHO Academy）应用程序①，以便在新冠肺炎疫情期间给卫生工作者提供必要的医疗救助技能学习。"对于 COVID-19，世卫组织信息应用程序将提供有关世卫组织最新举措、伙伴关系以及寻找抗击疾病的药物和疫苗的最新信息。该应用程序还将根据世卫组织官方信息持续更新各国 COVID-19 病例数量。"除此之外，世界卫生组织还发布了旨在向公众通报情况的"世卫组织信息"（WHO Info）应用程序②。世卫组织总干事谭德塞表示："通过这个新的移动应用程序，世卫组织将学习和知识共享的力量直接交到世界各地卫生工作者的手中"。在 2020 年 5 月 18 日-19 日召开的第七十三届世界卫生大会上，作为联动世界各国共同应对疫情的中介者，世界卫生组织促成了汇集全球力量抗击 COVID-19 大流行疫情的历史性决议，130 多个国家共同提出决议并协商一致，承诺共同应对 COVID-19③。

尽管世界卫生组织在抗击新冠肺炎疫情中扮演了积极联合世界各国共同应对疫情、呼吁全球合作的中介性和多边性角色，但混杂着政治立场、指责和质疑的各种声音却从未停息，充满对抗性的国际关系在全球疫情舆论场中持续发挥主导性影响。撕裂的政治格局不仅体现在西方世界对新冠病毒命名的污名化，还着重表现为部分西方国家就疫情问题向中国持续追责。2021 年初，BBC 世界新闻有关中国疫情的虚假报道成为这一政治对抗的突出表现，严重损害了该媒体长期坚

---

① 2020 年 5 月 13 日，世卫组织学院发布"世卫组织学院"（WHO Academy）应用程序，帮助卫生工作者拓展其挽救生命的技能，抗击新冠肺炎疫情。20000 名全球卫生工作者在感染预防和控制、病例管理、个体防护装备的使用和职业安全、风险沟通和社区参与等方面需要通过必要的线上学习来为抗击新冠肺炎疫情做好准备。资料来源：《发布"世卫组织学院"和"世卫组织信息"应用程序》，见 https://www.who.int/zh/news-room/detail/13-05-2020-launch-of-the-who-academy-and-the-who-info-mobile-applications。

② 该应用程序为卫生工作者提供途径，使他们能够从移动端访问世卫组织开发的有关 COVID-19 的大量资源，包括最新指导文件、工具、培训和虚拟讲习班，帮助他们照顾 COVID-19 患者并保护自己。

③ WHO：《历史性的世界卫生大会闭幕，各国承诺共同应对 COVID-19》，见 https://www.who.int/zh/news-room/detail/19-05-2020-historic-health-assembly-ends-with-global-commitment-to-covid-19-response。

守的专业权威性和公共服务性。在中国新冠肺炎疫情最严重的时候，不少西方国家对中国的疫情信息发布表示出质疑：英国保守派谴责中国散布关于疫情的虚假信息，美国国务卿蓬佩奥多次批评中国没有及时向世卫组织汇报新冠肺炎疫情信息。更有甚者，部分美国反华议员多次提出议案要求向中国追责，一系列反华诉讼接踵而至：2020 年 4 月 14 日，美国共和党籍参议员约什·霍利（Josh Hawley）在参议院推出《为新冠病毒受害者追求正义法案（Justice for Victims of Coronavirus Act）》，允许美国人对中国提出私人诉讼；4 月 16 日，美国共和党籍参议员汤姆·科顿（Tom Cotton）提出《2020 年追究中国共产党感染美国人责任法案》，要求剥夺中国在美国的主权豁免；4 月 17 日，美国共和党籍众议员克里斯·史密斯（Chris Smith）等人在众议院推出类似法案，要求"北京对美国人民因为新冠肺炎承受的伤害负起责任"；美国保守游说组织"自由观察"（Freedom Watch）以及总部位于得克萨斯州的企业 Buzz Photos 等美国实体也提出了反华诉讼；4 月 22 日，美国密苏里州总检察长埃里克·施密特（Eric Schmitt）向联邦法院提起一起民事诉讼，称"中国的疫情响应使该州蒙受巨大经济损失"，称中国"必须为全球新冠病毒大流行负责"，并要求"现金赔偿"[1]。接二连三的反华诉讼和西方政界猛烈的政治攻击不断将疫情问题政治化，特朗普甚至公开指责"世卫组织应对新冠肺炎疫情不力，还偏袒别国（中国）"，并在 4 月 15 日宣布暂停美国对世界卫生组织的资助。"缺乏团结正在助长新冠疫情的流行，最糟糕的时刻即将到来……新冠病毒非常危险，它利用了人与人之间、政党与政党之间、国家和国家之间的分歧"，世界卫生组织总干事谭德塞发出"不要把病毒作为相互对抗或赢得政治得分的机会"[2] 的呼吁。面对西方社会的指责和质疑，中国外交部多位发言人曾多次采用严正申明和激烈回应的方式表明立场，这种以直接的言语攻击回应外界的指责的方式在西方媒体眼中成为具有攻击性和侵略性的"战狼外交

---

① 李司坤：《消息人士：中方准备对美方滥诉活动进行反制》，2020 年 5 月 14 日，见 https://3w.huanqiu.com/a/c521eb/3yE1b0jcRUb? agt = 1413。

② 引自世界卫生组织总干事谭德塞 2020 年 4 月 20 日在日内瓦的新闻发布会上的讲话，见 https://haokan.baidu.com/v? pd = wisenatural&vid = 4588121234633450031。

（Wolf Warrior Diplomacy）"。《华尔街日报》《纽约时报》等美国媒体多次在新闻报道中将中国外交部的回应解读为中国外交"战狼化"的具体表现。针对西方媒体的"战狼外交"冠名，中国外交部部长王毅以"中国始终奉行独立自主的和平外交政策，不论国际风云如何变幻，我们都将高举和平、发展、合作、共赢的旗帜，恪守维护世界和平、促进共同发展的宗旨，同各国开展友好合作，把为人类作出新的更大贡献作为我们的使命……那些总想给中国扣上霸权帽子的人，恰恰是自己抱着霸权不放的人"予以回应。事实上，中国的"战狼外交"是有先后顺序和因果逻辑的。"'战狼外交'这个词是对中国外交的一种曲解和误导。它企图否定中国维护自身合法权益的权利。所谓的'战狼外交'提法指向的是中国外交官在国际舞台上更加活跃，中国外交看起来好像更'咄咄逼人'。但实际上，这其中有很多事例都是由于西方政客和媒体（作者注）先抹黑、攻击甚至造谣中国的情况下，中国出于自我防护、澄清事实和维护正义（作者注）而不得不出手还击，这个场景的先后次序不能搞反。"① 正如世界卫生组织总干事谭德塞所说："COVID‑19 夺走了我们所挚爱的人；它剥夺了许多生命和生计；它动摇了我们世界的基础；它有可能撕裂国际合作架构。"② 来自不同政治立场、意识形态的偏见和具有对抗性的国际外交关系主导了西方与东方之间有关疫情问题的理解，带着固有的文化偏见和种族主义歧视的西方主流媒体也参与其中，以具有明显倾向性的新闻报道来吸引注意力和引导西方社会的舆论。回顾西方媒体针对中国新冠肺炎疫情的报道，"以美国《纽约时报》《华尔街时报》、德国《明镜周刊》等为代表的西方主流媒体坚持以意识形态挂帅，有选择性地报道中国疫情和防疫政策，影响了民众的知情权，在一定程度上造成了政策制定者和民众对新冠病毒的轻视和误判。人们被一种由媒体所塑造的，充满傲慢与偏见的看法所

① 澎湃新闻：《王毅首谈"战狼外交"，当下中国外交有怎样的逻辑》，见 https：//mp. weixin. qq. com/s/JbwMq175qajxAdBbVi4eng。

② 《世卫组织总干事在第七十三届世界卫生大会上的闭幕词》，见 https：//www. who. int/zh/director‑general/speeches/detail/who‑director‑general‑s‑closing‑remarks‑at‑the‑world‑health‑assembly。

左右，即：西方发达国家能更好地应对新冠疫情，中国的经验不值得参考……由意识形态主导的有关中国新冠疫情的新闻报道和时评文章在欧美大行其道，成功地将民众的关注点从'公共卫生'引到了'政治批判''体制批判'和'文化批判'上。"① 以"新型冠状病毒中国制造"、中国"刻意瞒报疫情"致使"英国疫情防控延误"的负面性言论传播为重点报道内容的西方媒体在新冠肺炎疫情成为全球性问题之后，才开始设立以新冠肺炎疫情为核心话题的新闻报道专栏，将主持人观点评议、医学专家访谈和抗疫现场直播报道纳入主要报道内容行列，其新闻报道框架也开始转向理性与客观。西方媒体初期报道所体现出的"看热闹""推卸责任""恐慌与歧视"和"质疑"框架严重低估了新冠肺炎疫情问题的严重性和全球性，"错失一个月"的反思②虽促使西方媒体以更加审慎的态度去报道新冠肺炎疫情，但却没有从根本上回应疫情期间的反华倾向和种族主义歧视。法国地方媒体《皮卡尔信使报》（Le Courier Picard）在报道新冠肺炎疫情时用"黄色警报（Alerte Jaune）"作为报纸头条，影射此次新冠肺炎疫情为"黄祸"，借疫情对中国进行带有种族歧视色彩的攻击③，美国《华尔街日报》也曾刊登《中国是真正的"亚洲病夫"》的文章来唱衰中国。这在一定程度上反映了西方媒体因受意识形态立场影响而戴着有色眼镜看中国，也体现出西方媒体对中国缺乏深入的了解，仅带着强烈的文化偏见将中国看作"东方的他者"，以贫穷、落后、贪利等负面化标签来定义华人，以殖民主义思维和带有种族歧视色彩的词汇来编排有关中国的新闻报道。

二、网络空间的信息疫情

全球公共卫生危机下，人类社会已经和正在经历一个"信息比病毒传播的

---

① 吕洲翔：《新冠疫情下西方主流媒体的傲慢与偏见》，见 https：//www. guancha. cn/LvZhouXiang/2020_03_26_543806. shtml。

② 《疫情时期主流媒体新闻报道的框架演变——以英国为例》，见 https：//mp. weixin. qq. com/s/I9d9i1naffgN2JEC7‐ZTfg。

③ 《西方媒体负面报道中国新冠疫情的几个原因》，《中国经营报》2020 年 2 月 27 日。

快"的"信息疫情"（infodemic）阶段①，与新冠肺炎疫情相关的信息、言论、小道消息以及谣言通过社交媒体平台在网络空间内大规模散布，并产生了重要的社会影响和心理反应。在某种意义上，社交媒体是这次"信息疫情"的重要驱动力，参与塑造了一个媒介化和网络化的疫情景观。简言之，社交媒体的影响主要表现在如下几个方面：进一步模糊了事实与情绪的边界，加剧了虚假信息的传播和极化声音的生成；以其圈层化结构重塑了健康传播和公共卫生传播的信息边界和话语模式，驱动着科学/专业话语与大众话语的进一步结合；通过跨越国家和文化边界的信息流动，使得有关疫情的对话和讨论更具有国际关系色彩和跨文化张力。因此，以社交媒体为代表的网络平台成为疫情传播和文化相遇的重要空间，生成了有关疫情的多元乃至对抗话语，形成了一个开放、复杂和多变的舆论场。

疫情发生后，多元声音共存于网络空间的舆论场：一方面，负面言论的分裂与极化经由疫情的不断升级和扩散在网络空间持续发酵，进一步催化极端言论、情绪化言论的生成，从而形成牢固不破的回音壁，影响社会公众对现实的认知。疫情期间，对中国带有偏见和歧视色彩的话题在国外社交媒体平台上频繁出现，"甩锅中国""问责中国"的非理性声音在一定程度上制造了新的文化冲突，加剧了文化误解的产生。值得注意的是，抹黑中国的社交网络正在更多地被机器人所主导。遵循着流量逻辑和圈层机制，这一基于算法的自动化信息产制将成为未来中国与世界进行国际交往和跨文化传播的新障碍。

另一方面，以组织、参与和共享为具体表现的网络抗疫活动通过互联网的交互联动传递了全球网民因共同抗疫集结而成的正面力量。在新冠病毒以其快速的传播速率和致命的破坏性给全球带来灾难性危机之时，社会公众因居家隔离而被迫暂停现实生活中的人际交往，转而通过互联网在虚拟空间进行社交。具有开放性、流动性和交互性的互联网成为全球网民的集中聚集地，为线上活动的组织和

---

① 张毓强：《信息失序与沟通可能：疫情中的中国与世界自媒体景观》，《对外传播》2020 年第 5 期。

参与提供了便利。为表达对全球医护人员的感激、鼓励新冠肺炎患者战胜病毒，各种不同类型的云端抗疫活动自 2020 年 4 月 19 日起以各种形式在全球互联网上陆续开展。"One World：Together At Home to Celebrate COVID – 19 Workers"慈善演唱会，邀请全球范围内上百位歌手参与网络直播义演，并在义演结束时募集到超过 1.2 亿美元的公益捐赠。中国大陆地区①和泰国②持续发起多场线上公益演出，以网络直播的形式呈现不同风格的云端抗疫活动。以抗疫为核心话题的视频、图片和文章不断被上传到各类社交媒体平台，传达全球网民共同抗疫的正面态度。2020 年 4 月 27 日，以"年轻医护人员传达微笑"（#YoungDoc-torsSpreadingSmiles#）为话题的舞蹈视频被上传到国外社交平台 Twitter。视频中，60 位来自印度的医护人员跟随动感的音乐跳起热情洋溢的舞蹈，用丰富的肢体语言和充满感染力的微笑来表达战胜疫情的信心。这种独具特色的云端抗疫活动通过有机组织和精心编排，吸引了相当数量的网民主动参与其中，在网络空间形成了一种网民集结参与活动、共享抗疫成果的独特现象。

总之，在更具有去中心化、自组织化、跨文化的互联网空间中，有关疫情的传播更多地裹挟了多元社群的政治立场和文化语境，呈现出比建制化媒体更加复杂的文化光谱，其中既有负面的虚假信息和极端言论散布，也有正面的知识分享和网上行动，我们需要综合看待互联网的工具性、平台性和生态性，才能全面把握"信息疫情"的生成机制和应对方式。

---

① 2020 年 4 月 20 日，微博、网易云音乐、大麦、虾米音乐、腾讯音乐娱乐集团五大平台于共同发起"相信未来"义演，以"对抗焦虑，回归日常"为主基调，义演内容向全网视频播放平台全面开放，见 http：//n. eastday. com/pnews/1589247291016476。2020 年 5 月 11 日，由人民日报客户端、新浪微博和一直播三大平台共同发起的"致敬白衣天使 共同守护家园"公益云演唱会成功举办，见 http：//finance. ifeng. com/c/7wOIrPPXeTH。

② 2020 年 5 月 9 – 10 日，泰国发起"Live For Life"线上义演慈善活动，所得善款全部捐给泰国 8 个慈善基金会，用于帮助那些受疫情影响的群体以及医护人员，见 http：//www. taiguo. com/article – 71819 – 1. html。

第三节　后疫情时代的文明新秩序

"百年未有之大变局"既暗示了国际政治经济格局的深刻调整，也饱含了文化对话与文化对抗。在某种意义上，曾经和平共处、多元共生的世界文化，被紧急发生的新冠肺炎疫情在全球和地方层面催化为多种对立关系，一些深埋在文化结构和文化价值底层的有关制度、种族、性别乃至宗教的主观偏见被疫情激发，成为构建对立性文化叙事和维护自身文化合法性的话语资源，在有关疫情的国际传播和跨文化传播中扮演了极其不光彩的角色。换句话说，疫情本身并未直接产生文化偏见，而是曾经的文化偏见在疫情所塑造的紧急状态和文化碰撞中被重新燃起，并且成为文化对抗的工具。不是疫情绑架了文化，而是文化驯化了疫情。

例如，美国哈里斯民调中心（Harris Poll）从 2020 年 3 月起在全美范围内组织展开"新冠追踪"（COVID – 19 Tracker）系列民调①，"第 4 波"疫情民调数据显示，超过半数的美国人（55%）认为中国应对新冠肺炎疫情在美国出现负责，其余45%的美国人持反对态度；而在"第 5 波"和"第 6 波"民调中，近 6 成美国人认为是中国而非美国政府更应该对疫情在美国的发生而负责；美国民主党和共和党两个党派在中国应该对（世界范围内）的疫情扩散负责的问题上都表示认同。"问责中国"呼声在全美范围内的逐渐高涨和美国反华诉讼的频繁发起似乎都在将中美关系指向一个"脱钩"的状态。在很大程度上，这一民调结果的内在动力既来自危机状况下的集体性情绪爆发和分裂，也来自美国社会长期以来对一个崛起的东方大国和不同政经制度的偏见。

然而，除了不断出现乃至加剧的文化间对立，疫情也是另一个重要大转型的

---

① 截至美国当地时间 2020 年 6 月 20 日，美国哈里斯民调中心已发布了 16 期民调数据（Wave 1 – 16）。每期样本人数约 2000 人，通过网络展开调研，间隔约 4 – 7 天。

催化剂，那就是深刻的全球权力转移①。全球权力重心正在逐渐地从西方向东方，从北方向南方转移。2020 年 5 月 23 日 CNN 发表的署名为尼克·罗伯逊（Nic Robertson）《分析：大流行可能会重塑世界秩序，特朗普的混乱战略正在加重美国的损失》的文章中写道，"大流行以其惊人的传播速度震惊了世界，它在加速全球权力平衡的改变——并且对美国不利。"② 可以说，美国糟糕的抗疫政策和低效的抗疫行动，严重削弱了美国自身的社会凝聚力，激化了社会矛盾，与此同时，也在全球范围内消耗着美国的国家形象，以及长期以来建立的制度权威和文化优势。当然，这一权力转移的局势并不说明以中国为代表的新兴力量会快速替代美国的大国地位，中国的发展目标和所追求的可持续发展的全球化也意不在此。我们在这里所要强调的，一方面是超越二元对立和大国替代的零和博弈逻辑，走向一个更加超越和包容的全球化视野，另一方面是基于历史脉络，西方文明的衰退变得愈加清晰。这一衰退不单单是表现在与其他文明的对比中，尤其是在应对新冠肺炎疫情时的差异，更重要的是西方文明在此次危机中对自身社会复苏和转型的无力，以及对全球应对公共危机贡献道路和方案之乏力，进而迟缓了世界文明进程，也给人类社会在 21 世纪找寻可持续发展的全球化道路设置了诸多障碍。当孤立主义和保护主义在西方兴起，我们不得不去审视一个建基于文明等级论和文明进化论上的西方中心主义全球化叙事的合法性。这是一个疫情全球化的危机，也是一个西方文明破灭的注脚。

李怀亮认为，"随着（西式，作者注）全球化时代的终结，人类已经进入共同体时代。"③ 这里的"共同体"既是社会学意义上人类社会的基本属性，更是全球化发展至今的互联互通的新现实格局。如果说逝去的西式全球化还是一种资

① 赵月枝、姬德强编：《传播与全球话语权力转移》，世界知识出版社 2019 年版，第 II 页。

② Nic Robertson, ANALYSIS：The pandemic could reshape the world order. Trump's chaotic strategy is accelerating US losses，见 https：//cnnphilippines.com/world/2020/5/23/COVID19 – pandemic – reshape – world – order. html。

③ 李怀亮：《从全球化时代到共同体时代》，见 http：//icsf. cuc. edu. cn/2020/0526/ c6046a170680/page. htm。

本主义的"中心与边缘"的世界体系，充满了西方中心主义的全球化想象和权力布局，那么后疫情时代的全球化将是一个更加开放、包容、多元，当然也充满矛盾和斗争的新历史征程，也将奠定一个新的全球文明秩序的未来。

这个新的全球文明秩序由三个核心要素构成，在某种程度上也是得益于新冠肺炎疫情的系统反思和正向驱动：第一，尽管依然存在着诸多的边界、隔离和鸿沟，但全球互联互通的现状和趋势将不可阻逆，互联网在其中扮演的角色将日渐基础设施化，我们也可以称之为全球化的数字化或网络化新常态。第二，生态文明将是全球文明秩序的核心，世界各国在民族国家框架里的自我保护和自我捍卫将不得不让位于对一个实时联动、相互依赖的全球生态系统的积极保护，否则人类社会面临的将是持续不断的公共卫生危机或全球气候危机，这是新冠肺炎疫情后人类社会应该吸取的最大教训。第三，更加具有超越性和包容性的全球观将成为这一新秩序的哲学基础，不管是在西方盛行的"世界主义"还是来自东方智慧的"天下观"，都需要融合进一个既立足历史，也连接未来，既立足本土，也指向全球的新价值论和新认识论，以此超越现存的制度、文化和话语对立。人类命运共同体理念，是达成这一新秩序的重要选项，需要得到更广泛的传播和更深刻的讨论。

| 第七章 |

教育与可持续性：在线教育与未来发展

长期以来，教育被视为推动一个国家和地区经济发展的重要力量。援引第 74 届联合国大会主席蒂贾尼·穆罕默德·班迪（Tijjani Muhammad-Bande）的话，"教育是实现 2030 年可持续发展议程的关键"。新冠肺炎疫情打乱了各行各业的发展节奏，影响全球政治、经济、科技、教育以及社会发展的诸方面。危机也为教育研究者和实践者思考未来教育提供了一个崭新的视角。本章尝试从教育方式、教育本质和教育理念等方面反思当下教育与可持续发展的相关问题，探讨未来教育发展走向与趋势。

第一节　大变局下的全球教育危机

新冠病毒大流行远不止是一个突发公共卫生事件，它还是一场经济危机，一场社会危机，也是全人类和地球的危机。教育危机是其中的一个缩影。截至 2020 年 4 月 10 日，新冠肺炎疫情已迫使全球 188 个国家（地区）的大中小学校处于停课状态，受影响学生达 15.76 亿人，占全球总注册学生的 91.3%。我国有将近 2.8 亿 0－18 岁的儿童，占我国人口总数的 20%，其中 1.3 亿多儿童仍生活在农村，有 3500 万流动儿童随父母在城市生活，800 多万特殊儿童在就医、就学和融入社会上还存在障碍。① 新冠肺炎疫情使社会中的弱势群体受到更大影响。

一、弱势群体辍学风险增加

哈佛大学费尔南多·M·赖莫斯（Fernando M. Reimers）教授认为，这场席卷全球的流行病可能会对教育机会造成至少一个世纪以来最严重的破坏。② 据联合国教科文组织统计，到 2020 年 4 月中旬，全球超过 15 亿中小学和大学学生因新冠肺炎疫情而停课，其中女童有近 7.43 亿，而这些女童当中，有 1.11 亿生活在全球最不发达国家。在极端贫困和脆弱的环境中，接受教育本身就是一种奢侈，学校停课和关闭意味着女童失去了一个重要的保护和预警机制。在疫情危机影响下，印度、巴基斯坦、孟加拉国等南亚地区国家，数以百万计弱势儿童面临失学的风险。联合国儿童基金会的一份报告显示，该地区原本已经存在长期的教育危机，约有 9500 万学龄儿童失学。虽然许多国家已经推出了电视教育频道和在线课程，但该地区只有 33% 的居民可以上网。在一些地方，人们甚至不具备接收广播和电视的条件。③

由于新冠肺炎疫情导致全球经济衰退日益严重，弱势群体家庭经济压力不断上升。在公共保护措施有限的地方，儿童离开学校，社区被封锁，儿童成为家庭暴力和虐待对象的危险增加。经济困难的家庭首先会考虑停止女童学业，以减轻家庭经济负担和开支，承担家务、打工赚钱、及早嫁人是女童辍学的首要原因。女童辍学率上升，会进一步加深教育领域的性别不平等，极大增加女童遭遇性剥削、早孕、早婚和强迫婚姻的风险。

促进女童和妇女教育是联合国《2030 可持续发展议程》的重要内容。据统计，截至 2019 年世界上有近 1 亿 3 千万失学女童，全球 7 亿 5 千万文盲者中，女

① 《卢迈：教育经费占 GDP 比重应达 5%　关注入园难等问题》，见 http://www. bjnews. com. cn/news/2019/06/01/586283. html。

② Fernando M. Reimers, What the Covid-19 Pandemic will change in education depends on the thoughtfulness of education responses today，见 https://www. worldsofeducation. org/en/woe_homepage。

③ 《无法接收广播和电视 疫情加剧南亚百万儿童失学风险》，参考消息网，见 http://news. sina. com. cn/w/2020-04-09/doc-iirczymi5286662. shtml。

性占 2/3。[①] 而妇女教育水平低下与婴儿死亡率高、农村人口增长率高、儿童健康状况不佳以及经济不景气等问题都密切相关。

2018 年的统计数据显示，我国义务教育的巩固率达到 94.2%[②]。中国政府对扫盲和职业教育阶段的财政投入持续增加。有些地方政府想尽办法把不识字、辍学了的成年人通过各种方式找回来，创造条件让他们上补习班、识字班。2018 年我国中等职业教育在校生人数为 1555.26 万人，免费中等职业教育持续推行。

诺贝尔经济学奖获得者詹姆斯·赫克曼（James Heckman）教授在 2018 年西安召开的"儿童早期发展国际论坛"上，阐明了儿童早期发展质量对一个人的童年及终生的健康和社会性结果的重大影响。他的研究显示，人力资本投资回报率随儿童年龄的增加不断递减，对儿童实行早期干预的年龄越小，未来获得的收益越大；越晚实施干预，付出的代价就越大，得到的回报就越少。图 7-1 就是

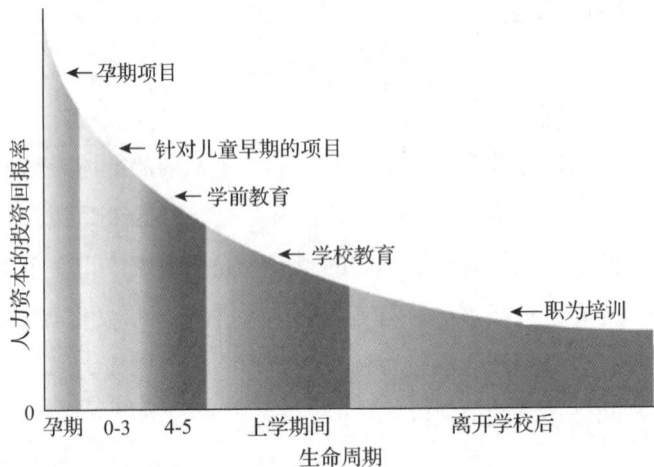

图 7-1　赫克曼曲线

（图源：Giving Kids a Fair Chance）

---

① 《彭丽媛出席联合国教科文组织女童和妇女教育特别会议》，新华社，见 http://www.xinhuanet.com/world/2019-03/26/c_1124286641.htm。

② 中华人民共和国教育部：《2018 年教育事业统计公报》，见 http://www.moe.gov.cn/jyb_sjzl/sjzl_fztjgb/201907/t20190724_392041.html。

著名的"赫克曼曲线"，它形象地显示出对弱势儿童不同阶段人力资本投资的社会回报率。下降的曲线表明，最高的经济回报率来自对弱势儿童的早期投资。[①]

二、学生身心健康受到伤害

随着疫情进一步蔓延，全球 3.7 亿名儿童面临营养餐缺失和健康危险。他们原本每天依靠学校提供营养餐，学校停课和关闭后校餐中断，贫困家庭受影响最大。疫情之下，收入减少导致贫困家庭被迫削减基本的健康和食品支出，儿童营养没有了保障。对于全世界数以百万计的贫困家庭儿童来说，学校膳食可能是他们一天中唯一的一顿饭。缺少这顿饭，他们就会挨饿，面临营养不良和健康威胁；"一顿饭"甚至有可能让贫困中挣扎的父母主动送女儿去学校，从而使她有机会免于繁重的家务或早婚。学校是儿童和青年参与社会活动和人际交往的中心，学校突然关闭使他们失去了对学习和发展至关重要的社会联系，并由此带来种种心理健康问题。此外，尽管研究和观察发现新冠病毒对儿童和青少年不易感染，且超 90% 病情较轻，但 5 岁以下儿童却最易发展成重症。[②]

饮食健康影响儿童的大脑发育和情感发育，儿童生长迟缓不仅影响成年后的身高，也会导致其智力发育受损，学习能力降低，并因此影响劳动生产率。我国城乡差别较大，贫困地区儿童营养状况还很严峻。中国发展研究基金会副理事长卢迈表示，经过多年努力，贫困地区儿童营养不良率由 2012 年的 18.5% 下降到 15.4%，但仍是城市儿童的 2.5 倍，贫血率是城市儿童的 3 倍。调查显示，一些贫困县儿童生长迟缓率高达 20.3%，营养不良严重影响了儿童大脑、骨骼发育和智力发展，带来的损失终生难以弥补。[③]

专家强调，疫情防控和复学复课并举之下，保持充足营养支持是关键。中国

① James J. Heckman. Giving Kids a Fair Chance, MA：MIT Press, 2013.

② 《新冠肺炎儿童患者最全研究》，前瞻网，见 https：//t. qianzhan. com/caijing/detail/200320－96aaa591. html。

③ 《不让贫困孩子在起点掉队——访中国发展研究基金会副理事长卢迈》，《人民日报》2017 年 6 月 11 日 11 版。

发展研究基金会长期关注农村孩子营养问题，副理事长卢迈在采访中强调，儿童时期蛋白质的缺乏可使智商降低 10 – 15 分，缺铁性贫血可使智商降低 5 – 8 分。[1]有研究结果显示，身高每低 1%，劳动生产率就降低 1.38%；忽视早期营养对个人造成的损失超过其终生收入的 10%，对国家的损失为 GDP 的 2% – 3%。[2]

儿童的敏感和脆弱远超成人，负面情绪的长期累积将带来身心健康危害，甚至造成不可逆的心理障碍或永久性创伤。面临疫情的严峻考验，不同年龄段的儿童表现出不同的应激反应，居家隔离带给儿童的心理危机不容忽视。低龄儿童无法像成人一样思考，由于作息不规律、缺少同龄伙伴等原因而易怒、发脾气；面对铺天盖地的疫情新闻、周围人对卫生的严格要求，似懂非懂之间孩子很容易紧张、烦躁和恐惧。青少年处于价值观的养成期，更容易在疫情特殊时期出现情绪低落、焦虑、担忧、愤怒等情绪。病毒流行和学校关闭会引起学生不安和困惑，弱势儿童的心理危机尤其值得关注。

疫情期间学生的学业焦虑情绪加剧，而且年级越高焦虑感越强，毕业年级学生尤其如此。中国发展研究基金会的一份调查结果显示，有 57.2% 的农村学生对学习"感到焦虑"；35.4% 的初中毕业班农村学生感到"非常焦虑"，46.8% 的高中毕业班农村学生感到"非常焦虑"，分别比县城学生高出了 11 个、15 个百分点。[3]

有研究结果显示，社会经济地位较低的家庭倾向于选择专制型或忽视型教养方式，且忽视型教养方式最不利于儿童非认知能力的发展。疫情防控下，处于被忽视状态的贫困儿童更容易出现自卑、孤僻、敏感等心理倾向。加之长期居家，可能产生叛逆、焦虑、烦躁、悲观厌世的情绪，一旦无法得到及时的关注和疏导

---

[1] 《不让贫困孩子在起点掉队——访中国发展研究基金会副理事长卢迈》，《人民日报》2017 年 6 月 11 日 11 版。

[2] 中国发展研究基金会：《复课复学稳步推进，疫情当下学校如何让孩子吃得"好"?》，见 http：//finance. sina. com. cn/china/gncj/2020 – 04 – 23/doc – iircuyvh9489827. shtml。

[3] 中国发展研究基金会：《消弭"数字鸿沟"，农村教育信息化该怎么做?》，2020 年 3 月 31 日，见 http：//finance. sina. com. cn/china/gncj/2020 – 03 – 31/doc – iimxxsth2929144. shtml。

会造成严重后果。① 美国著名教育机构"卡潘国际"（Phi Delta Kappa Internation-al）的调研结果显示，当前的疫情危机对学生造成了巨大的情绪影响，他们渴望能回到正常的情绪状态，希望与老师进行更多的交流，并希望有更多与同学互动的机会。疫情期间学生对自我照顾的重视程度较低，心理危机凸显，也反映出学校和家庭长期以来对学习成绩的重视超越了对心理健康和幸福感的关注。

三、学校关闭对经济带来影响

学校停课并关闭，家长不得不离开工作照顾孩子，尤其是以女性为主的工作单位，面临的复工压力更大。美国、英国和欧元区的劳动力市场数据表明，有15%～20%的劳动力需要离开工作照料孩子。以此推测，如果这些国家和地区的学校连续关闭四周，其国内生产总值可能会下降1.5%。② 一项针对英国的研究显示，学校连续关闭四周可能会使英国国内生产总值减少3%，给英国经济造成数十亿英镑的损失。③

2009年一项针对美国流感大流行时期关闭学校的研究表明，每名学生每周因学校关闭而导致家长无法工作的经济损失从35美元到157美元不等。连续关闭学校四周会使美国国内生产总值减少100亿至470亿美元，相当于2008年美国国内生产总值的0.1%到0.3%。④ 在这份研究基础上，研究人员对新冠肺炎疫情下关闭学校做出预测，进一步证实了这些具有破坏性的数字：美国若关闭所有的学校和日托中心一个月，将造成直接经济损失511亿美元，相当于美国

---

① 《童心抗疫：关注疫情中的儿童心理复原力》，见 http：//finance. sina. com. cn/china/gncj/2020 – 03 – 05/doc – iimxxstf6712782. shtml。

② Lisa Beilfuss, How School Closings Will Hurt the Economy，见 https：//www. barrons. com/articles/coronavirus – school – closings – hurt – the – economy – 5158411 6337。

③ World education blog, What are the financial implications of the coronavirus for education，见 https：//gemreportunesco. wordpress. com/2020/03/24/what – are – the – financial – implications – of – the – coronavirus – for – education/。

④ Lempel H. et al. , Economic Cost and Health Care Workforce Effects of School Closures in the U. S. , 见 https：//www. ncbi. nlm. nih. gov/pmc/articles/PMC2762813/。

经济的 0.24%；最低、中等、最高的经济损失预测值分别为 127 亿美元、510 亿美元和 565 亿美元，相当于美国 GDP 的 0.06%、0.24% 和 0.26%。[①]

学校关闭还直接冲击教育财政资助及教育相关行业。受疫情影响，一些盈利性学校面临倒闭风险。2020 年春季学期还未开学，国内一些民办学校就开始提前催收学费，还有一些幼儿园在疫情期间转行卖包子和烧烤的自救行为成为热点新闻。主要原因是民办学校缺少国家财政拨款的保障，延迟开学导致民办中小学（幼儿园）没有学费收入，难以继续支付教师薪酬、校舍租金以及开学所需的防护物资。据统计，2018 年全国学前教育毛入园率为 81.7%，民办幼儿园占全国幼儿园总数的一半。相关幼儿托班、各类培训班等民办教育机构，都面临着退学费和资金链断裂等财务问题。

四、数字鸿沟加剧教育不平等

数字鸿沟是信息时代的全球性问题。我国教育信息化建设的短板主要表现在城乡发展不均衡。欠发达地区的教师和学生因为信息化资源匮乏和落后，难以充分享受到教育信息技术的"红利"，对学生学业和个人成长造成持续性的消极影响，并进一步加大贫富差距，甚至造成阶层固化。提升人们的就业能力，提供促进社会平等和阶层流动的通道，增进健康及家庭幸福指数，本就是教育的一个主要功能。

响应教育部"停课不停教、不停学"的号召，2020 年春季学期延期开学，全国范围内推行网上教学。超过两亿师生面对一块块屏幕开始了在线教学。新冠肺炎疫情突袭，进一步凸显了城乡教育存在的问题。在绝大多数城镇儿童使用电脑连接宽带开始在线学习的同时，偏远乡村地区的学生却需要登到山顶、赶往乡镇或骑着骆驼去找手机信号。我国农村教育面广体量大，依然是中国基础教育的大头。从学生数看，2017 年农村在园幼儿数占全国的 62.90%；农村义务教育阶

---

① World education blog, What are the financial implications of the coronavirus for education, 见 https：//gemreportunesco. wordpress. com/2020/03/24/what－are－the－financial－implications－of－the－coronavirus－for－education/。

段在校生占总体的 65.40%；农村普通高中教育在校生占总体的 52.35%。从学校数看，2017 年农村幼儿园数量占总体的 69.03%，农村义务教育学校数量占总体的 87.20%，农村普通高中数量占总体的 49.76%。①

中国工业和信息化部的数据显示，截至 2018 年 4 月底，中国 4G 网络覆盖全国 95% 的行政村和 99% 的人口，超过 95% 的行政村实现光纤宽带网络通达。但相比城镇学生，农村学生家庭依然存在网络可及性和稳定性普遍较差、在线学习设备普及率低、手机质量或性能难以符合在线学习要求并且产生高额流量费等问题。

中国发展研究基金会"乡村儿童教育信息化"课题组进行了"新冠肺炎疫情期间欠发达地区学生信息化学习情况调查"的调研，调研范围覆盖中西部 8 省区市 21 个县的中小学生及教师，回收学生问卷 3.6 万份，教师问卷 1281 份。② 结果显示，只有 43.8% 的农村家庭安装了宽带等网络环境，这一数字仅占县城学生家庭的一半；51.8% 的农村学生使用手机流量进行在线学习，61.1% 的农村学生反映网络稳定性影响学习，而县城学生只有 17.2% 反映了这一问题。超过 85% 的农村学生在线学习设备是手机，其中 73.8% 的农村学生使用的是家长的手机，只有 7.3% 的农村学生在线学习设备是电脑；而县城学生中，超过 40% 的人使用电脑，75% 以上的学生每人拥有 2 - 3 个在线学习设备（手机、电脑或平板）。③

中国发展基金会副理事长卢迈指出，中国社会转型过程中，乡村孩子面临的三个最大风险是：留守、单亲和冷漠。④ 留守儿童与爷爷奶奶生活在一起，祖辈们不懂得如何教育和辅导孩子学习，情感交流匮乏，孩子们常处于自然放养状

---

① 东北师范大学中国农村教育发展研究院：《中国农村教育发展报告 2019》，见 http://www.jyb.cn/rmtzgjsb/201901/t20190115_212031.html。

② 财新网：《缺宽带少电脑，调研发现近半农村学生不能按时上网课》，见 http://www.caixin.com/2020 - 04 - 22/101545742.html。

③ 中国发展研究基金会：《消弭数字鸿沟，农村教育信息化该怎么办》，见 http://finance.sina.com.cn/china/gncj/2020 - 03 - 31/doc - iimxxsth2929144.shtml。

④ 卢迈：《现在城乡孩子的差距，可能比十年前还大》，见 http://finance.sina.com.cn/china/gncj/2020 - 04 - 10/doc - iircuyvh7070855.shtml。

态。2017 年，我国义务教育阶段在校生农村留守儿童占比超过一成，全国农村留守儿童数量为 1550.56 万人。其中，小学有 1064.48 万人，占小学在校生总数的 10.55%，初中有 486.08 万人，占初中在校生总数的 10.94%。①

随着我国教育信息化进入 2.0 时代，教育领域物理层面的数字鸿沟正在逐渐缩小，而因数字化工具使用技能、方式、偏好和目标而产生的数字素养鸿沟正在扩大。在那些人口流出集中的中西部农村地区，留守儿童接受在线教育或许并不缺乏课程和学习资源，缺少基础设备"智能手机"的也是少数学生。但农村家庭文化资本匮乏，学校关闭后学生无法获得有效的辅导，家长在网络资源的使用、配合教师在线教学和孩子日常辅导等方面，均处于不利地位。随着父母陆续离家复工，孩子的陪伴者受制于文化程度等原因，难以监督、指导孩子，学生学习兴趣、主动性和自觉性差，在线学习效果极低。

新冠肺炎疫情前所未有地暴露出全球范围内的数字鸿沟，数字鸿沟既表现在发达国家、发展中国家和不发达国家之间，也存在于一个国家内部。在全球范围内，只有 55% 的家庭拥有互联网连接：发达国家中 87% 的家庭拥有互联网，发展中国家这一比例为 47%，而在最不发达国家只有 11.8% 的家庭拥有互联网。具体到非洲，只有 17.8% 的家庭拥有互联网连接（见图 7 - 2)②。

联合国教科文组织的另一组统计数据显示，全球停课的学生中，约有半数以上（8.26 亿人）学生家中没有电脑，约 43%（7.06 亿）学生家中没有互联网连接。低收入国家的不平等问题尤其严重：在撒哈拉以南非洲，89% 的学生家中没有电脑，82% 的学生无法上网。虽然学生可以用手机获取信息并与教师及他人保持联系，但是大约 5600 万学生生活在没有移动网络服务的地方，其中几乎一半生活在撒哈拉以南非洲。③ 世界银行的统计数据显示，非洲有 85% 的人每天生活费

---

① 东北师范大学中国农村教育发展研究院：《中国农村教育发展报告 2019》，见 http://www. jyb. cn/rmtzgjsb/201901/t20190115_212031. html。

② International Telecommunication Union, Measuring digital development：Facts and figures 2019，见 https：//news. itu. int/measuring - digital - development - facts - figures - 2019/。

③ UNESCO, COVID - 19：a global crisis for teaching and learning，见 https：//unesdoc. unesco. org/ark：/48223/pf0000373233。

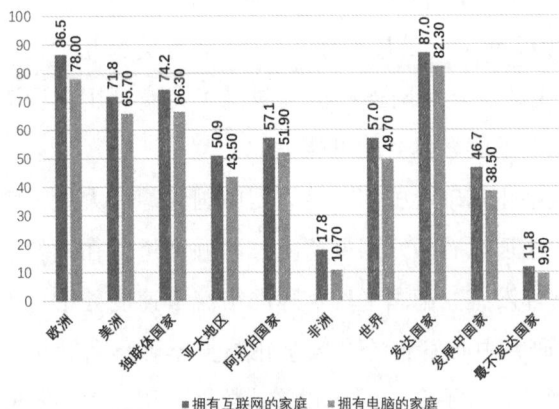

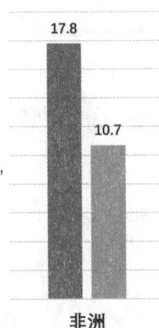

图 7 - 2　2019 年全球家庭拥有互联网和电脑的比例

（图源：International Telecommunication Union）

不足 5.5 美元，而在撒哈拉以南非洲地区，1GB 数据（播放一小时标清电影）的费用接近当地月平均工资的 40%。① 可以说，大多数非洲人已被数字鸿沟隔离。

　　发达国家内部同样存在数字鸿沟问题。在澳大利亚，三分之一的贫困家庭没有接入互联网。② 美国也存在严重的城乡数字鸿沟。宽带服务已经和电话、电力一样重要，但约 2500 万美国居民无法使用宽带互联网，其中 1900 多万人生活在农村社区，有 15 个州的大多数农村居民无法使用宽带互联网。③ 调查显示，年收入 2 万美元以下的家庭只有不到一半接入了宽带互联网。此外，接入宽带互联网的美国种族差异也很明显，82% 的白人居民家中有宽带互联网，而黑人居民家中

---

　　① Douglas Broom, Coronavirus has exposed the digital divide like never before，见 https：// www. weforum. org/agenda/2020/04/coronavirus - covid - 19 - pandemic - digital - divide - internet - data - broadband - mobbile/。

　　② Douglas Broom, Coronavirus has exposed the digital divide like never before，见 https：// www. weforum. org/agenda/2020/04/coronavirus - covid - 19 - pandemic - digital - divide - internet - data - broadband - mobbile/。

　　③ Brad Smith, The rural broadband divide：An urgent national problem that we can solve，见 https：//blogs. microsoft. com/on - the - issues/2018/12/03/the - rural - broadband - divide - an - urgent - national - problem - that - we - can - solve/。

这一数据为 70%；农村印第安人社区每 10 位部落居民中就有 7 位（130 万人）无法连接宽带互联网。美国国会 2017 年的一份报告称，有 1200 万美国儿童在没有宽带互联网的家庭中长大。[①] 家中缺少互联网连接极大限制了儿童利用在线资源学习的效果，并降低了他们获取大学就学机会的可能。

新冠肺炎疫情也暴露了德国数字化基础设施的不足。据中国驻德国大使馆教育处的资料显示，德国学校数字化还远没有做好因疫情闭校而顺利进行在线教学的准备，有的学校甚至连无线网络都没有。德国平均实际网络流量速度处于世界平均水平。2019 年 11 月欧洲政策研究中心发布的《数字化终身学习准备状况指数》报告显示，德国的数字化基础设施水平低，网络和移动数据使用比大多数欧洲国家更贵，但信号更差。[②]

新冠肺炎疫情在教育、营养、健康、安全等多个方面严重影响全球 15 亿儿童的生活。对于贫困地区弱势儿童而言，尽早开学复课或许就是对他们更好的保护，否则可能对一代儿童整体未来产生影响。

第二节　全球危机下的国际教育困境

一、全球留学教育格局与趋势

随着全球化发展进入新阶段，高等教育全球学生规模和数量达到前所未有的程度，全球留学教育格局正在发生深刻的变化。

随着欧美发达国家逆全球化风潮兴起，传统留学教育的南北流动势头减弱。

---

① U. S. Congress Joint Economic Committee, America's Digital Divide，见 https：//www. pewtrusts. org/zh/trust/archive/summer – 2019/americas – digital – divide。

② 中华人民共和国驻德意志联邦共和国大使馆教育处：《德国教育动态信息》，见 ht-tps：//sino – german – dialogue. tongji. edu. cn/43/77/c7539a148343/page. htm。

英语国家作为最大的留学生接待国，一直吸引着全球大部分留学生，十几年来美国、英国、澳大利亚、加拿大和新西兰五大英语国家接待高等教育留学生人数占据全球总量的一半。但美国前总统唐纳德·特朗普任职期间，其奉行的单边主义和美国优先等多个政策改革对国际留学产生了负面影响。美国白宫以"国家安全"为借口，自 2020 年 6 月 1 日起禁止部分中国留学生和研究人员入境，英国脱欧、对专业人士签证要求的提高等都打击了留学生的积极性。美国留学生人数增长幅度从 2015 年的 10% 持续下滑，2019 年增幅仅为 0.05%。中国、印度两国赴美国留学的增长速度下降与美国留学生增长势头减缓保持一致。近年来前往英国的非欧盟学生也在下降，英国的全球留学生市场份额有所下滑。

为抢占留学教育市场份额，打造留学生经济，收割"留学红利"，许多国家纷纷出台政策，以吸引更多的留学生。澳大利亚、加拿大、俄罗斯等国都提出了未来几年留学生教育的战略目标。2017 年，俄罗斯政府陆续出台《俄罗斯教育出口潜力开发专项计划》等政策，将教育出口潜力开发视为一项重要的国家任务，计划到 2025 年 11 月将俄罗斯高校的留学生招生数量提高到 2 倍，并进一步为留学生学习、打工、就业创造便利。[①] 印度政府计划到 2023 年实现招收 20 万名留学生的目标，优惠政策包括对最优秀的 25% 外国留学生实行学费全免。[②]

作为世界第二大经济体，中国依然是全球最大留学生源地，出国留学正从"精英化"走向"大众化"。2009 年中国出国留学人数年增长率达到最高，随后增速放缓（见图 7-3）。同期，中国留学回国人员持续增加，海归人数与出国留学数量之间的"逆差"在缩小。2018 年度我国出国留学人员总数为 66.21 万人，各类留学回国人员总数为 51.94 万人。相比 2017 年，2018 年出国留学人数增加 5.37 万人，增长 8.83%；留学回国人数增加 3.85 万人，增长了 8.00%。[③] 受惠于各种利好政

---

① 安心：《全面提升教育竞争力——俄罗斯着眼未来的教育政策》，《光明日报》2018 年 5 月 16 日 14 版。

② 李建忠：《演变中的国际教育格局——教育国际化发展趋势扫描》，《中国教育报》2018 年 12 月 7 日。

③ 中华人民共和国教育部：《2018 年度我国出国留学人员情况统计》，见 http://www.moe.gov.cn/jyb_xwfb/gzdt_gzdt/s5987/201903/t20190327_375704.html。

策和留学环境，中国接受外国留学人数稳步增长，成为全球第三大留学目的地国，成为世界上重要的"人才环流"接纳国。2018年来华留学人数为492185名，占全球留学生的10%，其中，接受学历教育的外国留学生占来华生总数的52.44%，比2017年增加6.86%，硕士和博士研究生比2017年增加12.28%；中国政府奖学金生占来华生总数的12.81%。[①] 受"一带一路"倡议的带动，来自东南亚、非洲和中亚国家的留学生成为来华留学教育新的增长点。

图7-3　中国出国留学人数变化（2000－2018年）[②]

（图源：教育部）

随着区域经济一体化的发展，全球人才流动呈现"社团化"，区域内留学趋势明显。到2015年，全球人才流动经过分裂与整合基本演化为6个社团：中国社团、美国社团、欧盟社团、南美和南非社团、马来西亚社团、独联体社团。[③]

---

① 中华人民共和国教育部：《2018年来华留学统计》，见 http：//www.moe.gov.cn/jyb_xwfb/gzdt_gzdt/s5987/201904/t20190412_377692.html。

② 中华人民共和国教育部：《2018年度我国出国留学人员情况统计》，见 http：//www.moe.gov.cn/jyb_xwfb/gzdt_gzdt/s5987/201903/t20190327_375704.html。

③ 侯纯光等：《全球人才流动网络复杂性的时空演化——基于全球高校留学生流动数据》，《地理研究》2019年第8期。

始于 1987 年的"伊拉斯谟计划"（Erasmus Program）持续推动欧盟区域内学生流动，也被视为全球留学生教育实践项目的一个典范。2021—2027 年"伊拉斯谟＋"计划将预算增加到 300 亿欧元，比现行交流计划预算 140 亿欧元翻了一番；新计划将惠及 1200 万人，是现行留学生交流计划 400 万目标人数的 3 倍。[①]鉴于俄罗斯与独联体国家密切的历史渊源，白俄罗斯、乌克兰等周边国家留学生占俄罗斯留学生总量的 55%；南非成为南部非洲国家的留学教育中心；印度因其英语语言相对优势、传统历史和文化渊源等关系，吸引着大量亚非拉和尼泊尔、孟加拉国等周边国家留学生。

全球留学教育持续升温，全球留学生总数从 2001 年的 210 万人增至 2014 年的 450 万人。为促进学生的国际流动，推动实施《2030 年可持续发展议程》，2019 年 11 月，联合国教科文组织大会通过《全球高等教育学历学位互认公约》，旨在促进跨地区的学术交流，加强高等教育方面的国际合作。学历学位的全球互认减轻了各类行政负担和个人成本，极大促进了留学教育和人才的便利化及无障碍自由流动。[②]欧盟提出各成员国要到 2035 年实现高等教育学历学位、高中毕业证书和国外留学学习结果的自动互认，以打造从事学习和研究不受边界阻碍的欧洲教育区。

二、新冠肺炎疫情下的留学教育变局

新冠肺炎疫情极大改变了各级学校的教育教学，学术交流和招生招聘工作受阻，全球留学教育面临更加深刻复杂的变局。留学教育相关的国际学校、中介机构及大学等庞大产业链随之进入夏季中的"寒冬"。

中国作为全球出国留学大国，许多人的出国留学计划被突袭的疫情打乱。出国留学需要的雅思、托福类相关考试以及各种竞赛和夏校等活动相继被取消。没

---

① 搜狐网：《新一代"伊拉斯谟＋"拓展欧盟合作空间》，见 https：//www. sohu. com/a/240905379_243614。

② 《联合国教科文组织通过〈全球高等教育学历学位互认公约〉》，见 https：//www. ict. edu. cn/ebooks/b3/text/n20200312_21184. shtml。

有相关成绩，留学申请只能暂停。国内就读国际高中的高三学生此时深感进退两难，他们是预备留学群体中受疫情影响最大的一类。因为他们进入国际高中接受了国际课程体系，也就意味着放弃了国内的高考，目标就是出国留学。迷茫中的学生及家长除了等待和观望，并没有其他退路。

随着新冠病毒席卷全球，中国海外留学生尤其是低龄留学生成为异国他乡的弱势群体，海外中国留学生遭遇敌意和种族歧视的消息不绝于耳。一些国家要求学校专门检查中国留学生的身体健康，以保证当地的安全；还有中国留学生被寄宿家庭拒之门外；甚至"戴口罩"也成了留学生们遭受指责的原因。中国疫情得到基本控制后，为减少境外输入病例，入境航线航班量不断收紧。欧洲、美洲相继成为疫情的震中，海外留学生的回国和返校之路都变得异常艰难。据国务院新闻办公室公布的数据，截至 2020 年 4 月，中国海外留学人员总数为 160 万人，尚在国外的大约有 142 万人，其中美国有 41 万人，加拿大 23 万人，英国约 22 万人。学校关闭，有的寄宿家庭拒绝接收中国留学生，身在国内的家长也无法前往照顾孩子，包机回国成为他们不得已的选择。

中国一直是美国、加拿大、澳大利亚等国家的最主要留学生源国。美国国际教育研究所（The Institute of International Education）专门对中国留美学生和美国留中学生两个群体进行了调研。[①] 调研结果显示，因疫情期间的旅行限制，面向中国学生的外展和招生受到影响，他们不得不采取一些替代性措施来维持新生招录，具体包括：开展在线交流和研讨会；开展在线测试；免去 GRE 测试方面的要求，考虑 GPA 成绩；考虑在线申请；延长暑期与秋季招生时间；推迟入学等。也有大约 1/5 的高校表示，他们没有替代方案，只能等待疫情过去再恢复正常的教学。2017—2018 学年，有 11000 多名美国学生在中国留学。调研显示，76% 拟来华留学的美国学生取消或推迟了求学计划。许多美国高校还建议本校拟赴中国留学的学生改去其他国家或地区留学，比如加拿大、西欧、大洋洲等国家。

---

① IIE, COVID – 19 Effects on U. S. Higher Education Campuses: Academic Student Mobility to and from China，见 https：//www. iie. org/en/Connect/COVID – 19/COVID – 19 – Snapshot – Survey – Series。

美国是世界上最大的留学目的地国家，外国留学生支付的学费比美国国内学生要高得多，是大学经济收入的重要组成部分。例如，加州大学 9 个本科校区从国际本科学生那里获得了约 13 亿美元的学费收入，加上国际研究生的学费，合计达 52 亿美元。① 2018 至 2019 学年，美国有近 110 万名国际学生，其中东北大学最多，有 1.6 万人。② 面临留学生人数骤减的可能，一流大学努力通过线上教学、推迟入学甚至减免学费等措施继续留住留学生，但规模小、知名度低的高校可能会因此陷入困境。

新冠肺炎疫情深刻影响了全球留学教育和学生流动，并且很可能波及到未来几年。随着各国相继出台旅行限制措施，留学教育不得不开展更多的线上活动。关于通过留学教育取得在线学位及应对疫情的留学生在线课程情况，英国教育组织 QS 于 2020 年 4－5 月连续发布两份调研报告。调查结果显示，大部分留学生表示对在线学位根本没有兴趣。印度、北美、欧盟、中国的留学生对在线学位表示"一点都不感兴趣"的比例依次为 50%、48%、41%、37%。③ 在被问及"您对本学年通过在线教学来开启留学教育是否有兴趣"时，不同学段的准留学生们均只有过半数表示有兴趣，具体为本科生 62%，准研究生 58%，准博士生 61%。④

有学者预言，留学教育走向线上是迟早的事，一些世界一流大学已经实现了线上线下教学的无缝对接，新冠肺炎疫情只是将这一趋势提前了几年而已。⑤ 很显然，受制于在线教育的局限性，一些实践类教学任务无法完成，尤其是理工类

---

① UC System, Revenue and Expense Data, 见 https：//www. universityofcalifornia. edu/info-center/revenue－and－expense－data。

② 中国侨网：《受疫情影响 美国高校的国际学生人数或大幅减少》，见 http：//www. chinaqw. com/hqhr/2020/05－26/258017. shtml。

③ 国际与比较教育研究所：《QS 国际调查：后疫情时代中、印、欧和北美学生留学趋势》，见 https：//www. sohu. com/picture/398152268。

④ QS, How COVID－19 is Impacting Prospective International Students at Different Study Levels, 见 https：//www. qs. com/portfolio－items。

⑤ Jim Schnell, Live and Learn, 见 2020https：//global. chinadaily. com. cn/a/202004/24/WS5ea232c3a3105d50a3d187b1. html。

领域，但新冠肺炎疫情已经在改变传统的留学教育，部分无法赶回留学目的地的学生不得不通过在线方式完成课程学习。

第三节　在线教育：变"应急之策"为"长久之计"

一、在线教学效果与质量考察

为抗击新冠肺炎疫情，响应教育部号召，中国成为第一个全国范围内开展在线教育的国家，全球其他国家也实施了类似的远程教育。在 2020 年，中国在线教育基本实现了"停课不停教、不停学"的目标，不少大学顺利实现了向在线教育的过渡。

有研究表明，与传统课堂教学相比，在线学习所需的时间要少 40% ~ 60%，但在线教学中学生平均能够记住 25% ~ 60% 的内容，而在传统面对面课堂上只能记住 8% ~ 10%。① 在线教育中，学生可以按照适合自己的节奏来学习，自由回顾以往知识、跳过一些内容或自我选择主题加快学习进度。对于信息技术软硬件条件良好的学生而言，他们的在线学习成效明显。但在线教学实施的效果在不同的年龄段之间差异较大。低年级儿童因自控能力不足，在线学习对外在环境条件的要求较高。对于欠发达和信息技术落后的地区，根本无法实现高效的在线教学。

从"教"的角度看，教师信息化水平亟待提升。中国发展研究基金会针对中西部欠发达地区 21 个县的中小学师生在线教学的调研结果显示，教师和学生们都未能完全适应信息化教学。72.9% 的教师认为信息化教学降低了学生的学习

---

① World Economic Forum, The COVID – 19 pandemic has changed education forever, 见 https：//www. weforum. org/agenda/2020/04/coronavirus – education – global – covid19 – online – digital – learning.

效率，6.8%的教师认为信息化教学几乎没有学习效率。疫情期间受制于种种教学条件，县城约有40%的教师处于闲置状态，农村教师闲置的比例更高，这种情况下的教学效果可想而知，数据显示只有24.1%的县城学生、8.1%的农村学生认为信息化教学提高了学习效率；69.2%的农村学生、47.2%的县城学生表示不喜欢上网课。①

类似情况在其他国家也不同程度地存在。联合国教科文组织的数据显示，受新冠肺炎疫情影响，全球有6300万中小学教师无法开展工作；在撒哈拉以南非洲地区，只有64%的小学教师和50%的中学教师接受过最基础的职业培训，其中往往不包含信息和通信技术技能相关内容。②

全球教育机构变革的步伐一直缓慢迟钝，以讲授为基础的教学方法、根深蒂固的教育偏见和过时的课堂延续了几百年。即便在信息化基础设施发达、家庭互联网普及率高的国家和地区，教师迅速转为线上教学也是一个挑战。除因教师信息化基本技能欠缺导致在线教学困难之外，更值得注意的是教师的思想意识还停留在传统教学体系和方式之下。不革新教育理念与方法，把教学简单地从教室搬到网络无法释放"互联网＋教育"的红利。

从学生"学"的角度看，目前大、中、小学生的上课时间和频率都有明显减少，实际教学效果和质量难以保障。澎湃新闻的问卷统计显示，疫情期间大部分学生每日仅在网上上3－4节课；中小学生每日接受在线课程的时长在2－3小时之间，大学生每日接受在线课程的时长在2－4小时之间。③调查结果还显示，在线教育对学生自主学习能力要求很高，只有大学生群体对线上教育的接受度较高，中小学生及其家长和各级教师对在线教育的接受度普遍偏低。除教学平台卡顿之外，师生互动性不足是目前在线教育难以克服的短板。在线教育可以解决一部分学科知识

---

①　中国发展研究基金会：《消弭"数字鸿沟"，农村教育信息化该怎么做?》，见 http：//www.caixin.com/2020－04－22/101545742.html。

②　UNESCO，COVID－19：a global crisis for teaching and learning，见 https：//unesdoc.unesco.org/ark：/48223/pf0000373233。

③　澎湃新闻：《目前大规模线上教学效果如何? 我们做了个调查》，见 http：//finance.sina.com.cn/wm/2020－03－01/doc－iimxyqvz6906475.shtml。

教学问题，但是立体、多元的隐性育人环境减弱了，知识学习多了碎片化和娱乐化，少了师生与同伴的互动和激励，在线教育还无法完成教育"全面育人"的其他任务。

从管理的角度看，基本教学质量管控、教务管理和教育评价制度还停留在传统模式，无法跟上在线教育发展的脚步，对学生学习效果的检验和测评几乎无法进行。受疫情影响，全国 20 多项考试被推迟或取消，包括备受关注的高考、研究生招生考试以及公务员考试等升学、求职和资格类考试，雅思、英语专四和专八等语言类和出国升学考试。各类学校的在线教学阶段性考试与测评基本都处于停滞状态。全球在线教育面临类似的问题，被称为"美国高考"的 SAT、ACT 考试也连续被取消或延迟。不少美国和加拿大高校对 2020 年上半学期的考试成绩评定只有"合格/不合格"（pass/fail）的两个结果，"合格"即能取得学分。表面上看，取消或延迟考试是因为无法实现高信任度的考试，实质上是在线教育评价与治理系统尚不健全。

此次大规模的在线教育实践，给全球教育界集中探讨与反思"教学的本质、如何实现真正的学习"提供了契机。

二、在线教育与未来发展

有学者和研究机构预测，全球未来高等教育的巨大变革将由两大主要力量推动：气候变化带来的危险和信息技术的进步。[①] 新冠肺炎疫情全球大流行导致的全球教育危机，似乎正在验证这一预测。

世界各地的学校正面临全球气候变化和公共卫生安全的挑战。气候变暖导致的海平面上升威胁到沿海地区的学校；热带地区面临极端高温或沙漠化危险；洪水、火灾、风暴等极端气候以及病毒全球大流行等，无不在威胁学校教育的正常运行。这些因素加速了在线教育的增长，并正在使其成为各级教育机构教学的

---

① 2020 EDUCAUSE Horizon Report：Teaching and Learning Edition，见https：//www. learn-techlib. org/p/215670/。

"新常态"。在线教育凸显了教育不平等现象，也增加了社会对公平公正的关注和承诺，这有利于改变弱势群体的教育环境，推动填平数字鸿沟的步伐。全球公共安全、在线教育、公平公正的趋势将会合力影响未来教育的发展。

在新冠肺炎疫情发生之前，教育技术的使用就已经呈现高速增长趋势。2019年，全球教育技术投资达到 186.6 亿美元；到 2025 年，在线教育的整体市场规模预计将达到 3500 亿美元。[①] 人工智能正逐步成为教育服务的一部分，也是课程设计的一部分，它将日益成为"虚拟助教"，教师用以提供对学生学习效果的反馈。新冠肺炎疫情全球大流行以来，各种视频会议工具、虚拟辅导、在线学习软件和平台的使用量都显著激增。

技术的进步要求未来教育发生变革，李开复博士预言，未来 10—20 年内，美国 40%—50%的工作岗位将被 AI 技术取代。[②] 今天的很多工作岗位都将会消失，比如翻译、记者、出租车司机、图书管理员等。根据麦肯锡 2015 年的一份报告，单纯使用现有技术，就有 45% 的工作岗位可以实现自动化。[③] 当然，新的产业将会出现并将带来新的工作岗位。世界经济论坛预测，由于人类、机器和算法之间的新分工，2022 年全球将产生至少 1.33 亿个新工作岗位。[④] 有不少大学已经尝试开设新专业、新课程以应对未来就业市场需求，如笔者所在大学 2020 年新增的五个专业为数字经济、人工智能、物联网工程、网络空间安全和艺术管理。还有学者大胆预言，大学将会终结。因为信息技术提供了更多的机会，实现了以更少的钱去教育更多的人；"泛在大学"初具雏形，多数传统的陈旧大学组

---

① Research and Markets, Online Education Market Study 2019, 见 https：//www. globenewswire. com/news‐release/2019/12/17/1961785/0/en/Online‐Education‐Market‐Study‐2019‐World‐Market‐Projected‐to‐Reach‐350‐Billion‐by‐2025‐Dominated‐by‐the‐United‐States‐and‐China. html。

② 李开复：《AI：未来》，浙江人民出版社 2018 年版，第 189 页。

③ ［美］约瑟夫·E. 奥恩：《教育的未来：人工智能时代的教育变革》，李海燕、王秦辉译，机械工业出版社 2018 年版，前言第Ⅷ页。

④ 2020 EDUCAUSE Horizon Report：Teaching and Learning Edition, 见 https：//library. educause. edu/resources/2020/3/2020‐educause‐horizon‐report‐teaching‐and‐learning‐edition。

织模式将会淹没在尘埃中。① 大学的确保守而难以改变，但这样的预言也一定会被证明是夸大的。

技术与教育正在展开一场激烈的竞争，当信息科技的发展大规模取代人力的时候，人们依然可以通过各种途径的学习和培训得到合适的工作。就业技能再培训与终身学习，对于适应新的产业越来越重要。展望未来，教育仍将是辅助人们通向更高经济和社会地位的阶梯。在线教育和混合教育是大势所趋，未来教育呈现出互联网化、智能化、社群化的特点。在线课程与线下实践相结合，"慕课＋高校认证"的微学位培养模式受到欢迎。例如，2017 年清华大学学堂在线首批推出的微学位产品，覆盖人工智能、软件工程、云计算、用户体验设计等项目。通过微学位培养符合热点岗位技能需求的应用型人才 10 万人。② 2018 年，学堂在线注册用户突破千万。

《2017 年中国大学生在线学习白皮书》显示，不受时空限制是线上课程的最大优势，课程质量高、个性化教学、多样化学习方式、学历认证是线上课程受欢迎的原因。大学生在线学习行为更加自律，自我提升是他们最大的学习动力，名师讲解是吸引大学生在线学习的重要因素。③

疫情期间，中国官方统筹部署中小学网络云平台，地方、学校及社会机构等统一向全国中小学生免费开放优质在线教育资源；各主要版本电子教材和图书音像资料火速在线化；多款主流 APP 拓展线上直播教学功能；中国教育电视台的课程学习资源努力覆盖到偏远农村地区。中国教育部为全国高校在线教学免费推出了 22 个平台的 2.4 万门精品课程。"爱课程"和"学堂在线"两个在线教学英文版国际平台首批上线了 302 门英文版课程，并入选联合国教科文组织全球教育联盟，为全球学习者提供远程教育解决方案。中国以开放的姿态与世界共享在

---

① ［美］凯文·凯里：《大学的终结：泛在大学与高等教育革命》，朱志勇、韩倩等译，人民邮电出版社 2017 年版，目录第 2 页。

② 央广网：《未来教育：互联网化、智能化、社群化呈主要特征》，见 http：//news. cnr. cn/dj/20171112/t20171112_524022195. shtml。

③ 新浪教育：《学堂在线举办未来教育论坛》，见 http：//edu. sina. com. cn/zxx/2017 – 11 – 12/doc – ifynshev5519873. shtml？ from＝wap。

线教育经验和成果，获得了良好的声誉。① 全国各级免费教育资源短时间内得以极大丰富，堪称一场大型公益活动。政府、学校、企业和科研机构未来应继续凝聚合力，把在线教育纳入公共教育服务体系中，鼓励科技公司和科研机构积极参与在线教育研究和应用，共同推动教育的良性发展。各方围绕一个共同的教育目标形成更大规模、跨行业、跨区域的合作联盟，重塑课程和教学环境，是未来教育的一个方向。

第四节　回归人文主义教育传统

技术无法解决全部教育问题，教育需要回归人文主义教育传统。人文主义教育观强调尊重生命、人格尊严、平等、正义、文化和社会多样性，以及为建设我们共同的未来而团结合作与共担责任的意识。人文主义教育首先要"于人之思想中构建和平"，并通过认识自我、理解他人、培养人性来实现提升人的生命品质、激活人的精神生命的教育目标。

一、教育需要全球协同方案

新冠肺炎疫情的全球大流行，冲击了世界经济、政治、文化和社会生活的方方面面，带来了种种全球性教育危机。为使年轻一代富有成效地应对危机并进行明智的判断、决策与合作，教育需要一份全球协同的行动方案，人类需要一个更大的全球性社群，以超越狭隘民族主义观的局限，从全人类乃至是宇宙的观点来寻求解决之道。2015 年，联合国教科文组织提出"教育是全人类的共同核心利益"。和平教育是孕育全球公民的沃土，开展国际理解教育，培养具有全球意识、

---

① 中华人民共和国教育部：《介绍疫情期间大中小学在线教育有关情况和下一步工作考虑》，见 http://www.gov.cn/xinwen/2020－05/15/content_5511824.htm。

跨文化交际能力的人才，是教育的紧迫使命。

教育作为纯粹的公益事业的观点不合时宜。作为一项公共利益，政府、社会和私营部门等都应成为教育的共同责任承担者。公共利益是相对个人利益提出的，并被视为实现个人福利的一个条件，具有明显的辅助性和功利主义导向。社会强势群体在公共利益表达和形成过程中明显处于优势地位，公共利益具有强制性、统一性和经济主义色彩。正是教育极端功利主义和经济主义导向造成了教育不平等、歧视和不宽容等现象。"共同利益"则是"人类在本质上共享并且互相交流的各种善意，例如价值观、公民美德和正义感"。① 缺少共同认可的价值观、美德和正义感，人类赖以生存的各种共同体就面临支离破碎的危险。尽管不同的共同体因不同的历史和民众基础而有不同的共同利益，但他们都应受到合理的尊重。

教育不仅关系个人的学习技能，更关注生命和人格尊严的价值观。教育在增强个人能力的同时也保障多元文化的存在，以及个人在他人和自然面前的尊严、能力与福祉，这也是多元世界中实现社会和谐的必要条件。教育的"共同利益"观努力实现教育的工具理性和价值理性的统一，反映了当代社群主义价值取向，它既反对极端的个人主义，也反对狭隘的国家和民族主义，强调全人类的共同人性、相互依存、合作与信任的重要性，并因此与"人类命运共同体"理念息息相通。

确保包容和公平的优质教育是一项集体事业，各国政府、学校、教师、学生和家长以及社会私人机构都应成为这一共同目标的行动者和责任担当者。未来教育将更加强调政府与私人部门的伙伴关系，并需要进行全球范围内的国际合作。联合国教科文组织发布的《教育2030行动框架》强调要通过"问责"来促进和监测全球教育进展。②

---

① 联合国教科文组织：《反思教育：向"全球共同利益"的理念转变?》，教育科学出版社2017年版，第70页。

② UNESCO, Education 2030: Framework for Action, 见 http: //uis. unesco. org/sites/default/files/documents/education – 2030 – incheon – framework – for – action – implementation – of – sdg4 – 2016 – en_2. pdf.

二、全球素养教育与全球公民培养

新冠肺炎疫情全球大流行让许多国家陷入危机和紧急状态，极端民族主义和种族主义势力抬头。但是病毒并无国界，全球化发展和地球村的现实使它不可能只停留在一国的边境线内。我们从未像现在一样急切地需要全球的视野、胸怀与合作精神。加强全球素养教育，培养全球公民，是教育领域对当下社会现实的最好回应。

图7-4　全球素养三层结构模型

(图源：What Does It Mean To Be Globally Competent?)

全球素养一词来源于英文"global competency"，也被译为全球胜任力、国际能力、全球化能力。培养学生的全球素养已经成为许多国家一项重要的教育改革政策。在综合前人研究的基础上，比尔·亨特（Bill Hunter）等学者提出了一个较为通用的全球素养定义：拥有开放的心态，积极主动理解外国的文化规范和期望，能够利用获得的知识在本地以外的环境里有效互动、沟通和工作。亨特还提出了全球素养的三层结构模型（见图7-4），从内到外依次为：态度和价值观层面，包含承认差异、尊重多样性、非评判回应、开放的态度；知识理解层面，包含全球化、世界历史等知识要素；技能层面，包含有效参与全球和地区社会事务、跨文化行为评价、识别文化差异并参与全球竞争、跨文化合作等技能。①

2018 年，经济合作与发展组织（以下简称 OECD）首次将全球素养作为国际学生评估项目（PISA）的核心考察内容。OECD 定义的全球素养同样包括理解、技能与态度三个核心要素。全球素养是指学生能够多角度分析地方、全球和跨文化问题，能够理解、欣赏和尊重他人的观点与世界观，能够与不同文化背景的人进行开放、恰切和有效的互动，以及为集体福祉和可持续发展采取行动的能力。②

长期以来，全球素养教育成为美国国家教育政策的一个重要导向和战略。1988 年，美国国际教育交流委员会在《为全球素养而教》中首次使用"全球素养"。2012 年，美国教育部发布了 2012—2016 国际教育战略《通过国际教育与参与制胜全球》。三十多年的"全球素养"教育使美国基本形成了多层次、多类别、多途径实施的全球素养国民教育体系。全球意识、外语技能、地区知识和国际研究是美国全球素养教育的核心内容。③

我国国家政策层面的全球素养教育主要体现在两个文件中。2010 年发布的《国家中长期教育改革和发展规划纲要（2010 - 2020 年）》明确提出，要"培养大批具有国际视野、通晓国际规则、能够参与国际事务和国际竞争的国际化人才"。④ 2016 年，教育部发布《中国学生发展核心素养》研究成果，其中"国际理解"即为六大核心素养之一责任担当的一个表现，意思是"具有全球意识和开放的心态，了解人类文明进程和世界发展动态；能尊重世界多元文化的多样性

---

① Hunter B. , "White G. P. and Godbey G. What Does It Mean To Be Globally Competent?", Journal of Studies in International Education, Vol. 10, No. 3, (September, 2006), pp. 267 – 285.

② OECD, Global Competency for an Inclusive World, 见 https：//www. oecd. org/education/ Global - competency - for - an - inclusive - world. pdf。

③ 钟周、张传杰：《立足本地、参与全球：全球胜任力美国国家教育战略探析》，《清华大学教育研究》2018 年第 4 期。

④ 中华人民共和国国务院：《国家中长期教育改革和发展规划纲要（2010 - 2020 年）》，见 http：//www. moe. gov. cn/srcsite/A01/s7048/201007/t20100729_171904. html。

和差异性，积极参与跨文化交流；关注人类面临的全球性挑战，理解人类命运共同体的内涵与价值等。"①

　　清华大学为全球素养（全球胜任力）下了一个简洁的定义，"全球胜任力是指在国际与多元文化环境中有效学习、工作和与人相处的能力"，并将其分为认知、人际与个人三个维度六大核心素养。② 2016 年，清华大学启动实施《清华大学全球战略》，目标是"培养具有全球胜任力的创新人才"。这是我国第一所在办学目标中运用全球素养理念的高校。

　　全球素养教育的落实与推行首先应立足本土，针对不同年龄段和认知水平分别设计相应的全球素养。全球素养教育既可以通过独立设计课程来实施，也可以融入历史、地理、语言等其他学科课程，跨学科课程有助于获得更全面系统的全球素养。美国各级各类全球素养教育中，尤其注重外国语言和文化教育，鼓励大学生参加海外学习项目，倡导参与式和体验式教学，通过社会实践提升全球素养。当然，外语只是一种工具，比语言更重要的是学习异域文化、历史人文，跨文化交流和理解能力随着视野的扩大得到锻炼和提升。其次要将全球素养教育纳入教师专业发展中。只有教师具备了全球素养，才有可能培养学生的全球素养。在美国教师职前教育和在职培训中，全球素养都是重要的教育内容。美国不仅从国家层面对优秀教师的专业标准提出全球素养的要求，各州也都把全球素养作为教师资格认证的一项重要指标。③

　　全球素养教育是一个系统工程，其关键能力要素的养成需要政府、学校、家庭和社会各部门的相互合作与支持，需要整合全部社会力量来共同推进。政府需要给予政策导向和资源支持，社会力量需要通过人才标准设定倡导和推广全球素养理念，家庭和父母要肩负责任帮助孩子成为具备全球素养的世界公民。

---

　　① 林崇德：《中国学生核心素养研究》，《心理与行为研究》2017 年第 2 期。
　　② 清华大学：《全球胜任力：为走向世界做准备》，见 http：//goglobal. tsinghua. edu. cn/ competence，
　　③ 张蓉：《培养教师的全球素养：美国的举措及启示》，《南京师范大学学报》（社会科学版）2018 年第 6 期。

| 第八章 |

全球传播问题反思与建构性
新闻路径选择

第一节　全球传播问题与人类命运共同体构建

新冠肺炎疫情在全球的扩散蔓延，使人类的命运再一次被紧密联系在一起。疫情引发的公共卫生安全危机及衍生的经济放缓等问题成为全球面对的共同挑战。在全球传播视域内，国际媒体新闻报道及媒体合作面临前所未有的挑战。从理性的角度出发，面对全球共性的挑战，国际媒体有责任就建立共识及促进解决之策的探讨重新思考其社会角色。然而，由于长期积累的复杂的国际关系及在文明与文化层面上的差异，中国政府主导的媒介体制及新闻理念往往不被西方国家所理解，而欧美等西方国家的媒体文化霸权也常常引发非西方国家的不满与抵制，造成国家及文化间的摩擦。

西方新闻媒体持有新闻专业主义理念的批评式新闻叙事，往往聚焦放大事件的负面影响，有时更是用观点替代理性的讨论，导致后真相对真相的扭曲与消解。[①] 媒体叙事及议程设置会影响人们的价值取向，新闻叙事亦是如此。美通社

---

① Y. Zhang & L. Machila, "International and African media's representation of African Debt to China: From stereotype to solution with constructive journalism", Journal of African Media Studies, Vol. 11, No. 3, (September, 2019), pp. 331 – 346.

通过母公司世通（Cision）的全球媒体监测工具分析数据显示，2020 年第一季度，国际媒体话题主要集中在医疗、政策、商业、公众反应四个领域。其中，在医疗领域，媒体报道最多的话题是死亡人数、检测、口罩、新增确诊病例、疫苗；在政策领域，相关话题依次是隔离、封锁、出行限制、抵押及税收；在商业领域，话题依次为经济和企业影响、餐厅及酒吧、游轮、远程办公、航班取消、失业、商场关闭；关于公众反应的报道议题主要是社交距离、误报、仇外、汤姆·汉克斯（Tom Hanks）。[①] 随着新冠肺炎疫情成为媒体关注的焦点，可以看出社会对应对疫情挑战的关注。

面对全球性的疫情挑战，媒体对国际问题的讨论不但要站在事实的基础上，避免为政治情绪左右，更要正视被不同的新闻理念及新闻叙事所误导的全球传播现状。然而，有些国际媒体缺乏克制的指责、讽刺、推卸话语不绝于耳。如，2020 年 2 月 3 日，《华尔街日报》刊发带有种族歧视色彩的评论文章《中国是真正的"亚洲病夫"》，引起中国社会的广泛谴责，关于新冠病源地及带有国家歧视的病毒冠名纷争更是引发中美的外交冲突。可见，国际媒体在报道全球性重大议题过程中采取怎样的新闻理念及叙事方式影响巨大，进而引发次生危机的案例屡见不鲜。在全球传播视域下，国际媒体间存在的诸多分歧及偏见已经成为构建共识与沟通对话的阻碍。媒体如何在实现信息准确、及时、广泛传播的同时，减少误解、分歧、指责，而非导致误判、隔阂、冲突，这是国际新闻及传播研究需要在疫情治理的行动中不断反思的关键。2015 年 9 月 28 日，习近平主席在第七十届联合国大会一般性辩论时的讲话中指出："当今世界，各国相互依存、休戚与共。我们要继承和弘扬联合国宪章的宗旨和原则，构建以合作共赢为核心的新型国际关系，打造人类命运共同体。"[②] 人类命运共同体理念不仅是中国外交理念的创新，更为新冠肺炎疫情下世界所面临的集体挑战提供了理性反思与再建共识的基础。

---

① 美通社：《疫情下的海外传播：国际媒体关注什么？》，见 https：//www. sohu. com/a/
384709806_509440。

② 习近平：《论坚持推动构建人类命运共同体》，中央文献出版社 2018 年版，第 254 页。

人类命运共同体理念本身含有深刻的全球忧思意识及问题意识。虽然和平与发展已成为世界主题，经济全球化及新兴科技也给全球发展带来前所未有的机遇。然而，世界仍旧面临诸多挑战及不确定因素。一方面，国际政治格局动荡不定，一种分裂的、民族主义的倾向开始蔓延，单边主义、保护主义、民粹主义兴起，一些国家因"各自为政"而给国际合作与发展平添羁绊；另一方面，恐怖主义、金融动荡、环境危机、地区冲突、贫穷疾病等挑战依旧不减，地方性问题随时都可能转化为全球性挑战等。面对上述问题，没有哪个国家可以独善其身，世界各国需要协调行动。

第二节　全球危机下的假新闻及后真相图景

新冠肺炎疫情所带来的深刻影响不仅仅局限在健康卫生、国际政治经济等领域，也对当下国际传播格局带来重大影响。在国际媒体报道疫情相关信息时，媒体的议程设置呈现出主体多元化样态特征。借助社交媒体，国家政府政要、医疗专家等充当了重要意见领袖，从而突破了原来在国际传播过程中传统媒体为议程设置主角的模式。[1] 与此同时，谣言与后真相问题也由此产生，给国际信息的流通及中国构建国家形象带来挑战。

一、有关疫情的后真相、假新闻问题此起彼伏

隐藏在疫情之下的"后真相"问题在网络悄然蔓延。虽然公众有时清楚或明白"后真相"不等于"真相"，但是他们更愿意相信在情感上相信的"事实"。问题是，这种情感上的"事实"又是如何被塑造的？诉诸情感与个人信仰为什

---

[1]　马路遥、郭可：《新冠疫情对国际传播格局的五大影响》，环球网，https：//opinion. huanqui. com/article/3xbdXLtEA66。

么在疫情期间比陈述客观事实更能影响民意？真相与权力在"后真相"语境中又有着怎样千丝万缕的联系？

一些媒体或国际智库制造黑色宣传和灰色宣传以破坏真相，在这一过程中制造麻烦并误导公共话语，如与种族主义有关的话语、新殖民主义、债务陷阱问题、网络信息及国家安全问题等。其中，一些假新闻及智库报告内容存在深度造假问题，负面话题所带来的蝴蝶效应的背后存在巨大的利益之争。

二、国际报道中的后真相及假新闻问题与国际政治博弈

传统新闻业一直以对客观事实的追求来维护其揭示真相的价值追求，然而，后真相的解构力正在对传统新闻业构成挑战，专业媒体的权威地位腹背受敌。这些挑战包括专业媒体其原有真相界定者及其界定方式正在受到质疑，公众与传统真相界定者之间的联结关系也变得飘忽不定。[①]

西方新闻学长期推崇的"坏消息才是好新闻"新闻理念下的媒体报道很容易带上节奏，或明或暗地携带意识形态倾向，其内含的以市场为导向的商业逻辑也推波助澜。然而，问题远非如此简单。市场化的新闻媒体，在真实与市场博弈之下，会选择部分真实，而部分真实就会不可避免地带有各种权利及价值诉求。当社交媒体加入进来后，又使得更多受管控制约的利益体在制造"后真相"及"假新闻"的问题上如鱼得水，如特朗普及彭佩奥有关"中国病毒"的言说，导致国际新闻与信息传播陷入意见建构、观点先行、情绪渲染的游戏之中。

随着全球性疫情蔓延，国际传播中的意识形态斗争愈演愈烈。一些国家的"甩锅"指责和说辞使得真相问题由一国一地演变为国际冲突话语，并由此展开了颇具后真相色彩的信息战。[②] 2020年年底，全非全球媒介公司下属的在线新闻网站全非网（All Africa）刊发的《非洲：新冠疫情下，对于新闻自由的预测并

---

① 刘燕南、吴浚诚：《"后真相"的理论谱系与现实反思》，《现代传播》2020年第11期。

② 刘燕南、吴浚诚：《"后真相"的理论谱系与现实反思》，《现代传播》2020年第11期。

不乐观，需要注意以下 10 个症状》报道中指出，新冠肺炎疫情将改变新闻记者的工作方式，认为许多国家把疫情蔓延作为控制新闻媒体的一个理由，这对于持批评态度的记者来说无疑是冰冷的打击。

在对新冠病毒污名化的反击中，我国媒体及官方渠道大量援引国际权威信源作为有力佐证，包括作为世界最权威的科学杂志之一的英国《自然》杂志，美国《科学》杂志、世界权威医学杂志英国《柳叶刀》杂志、世界卫生组织官网、美国疾控中心官网，以及来自美、英、澳、日等国家权威医学专家对于病毒的独立研究与鉴定。[1]

疫情之下，国际舆情事件此生彼长，传播话语博弈循环往复，东西方文明差异与意识形态冲突造成的鸿沟在国际传播中不断加深。这让我们再次反思东西方在新闻价值导向、新闻生产诉求及媒体社会责任上的差异及由此对国际传播带来的影响。

第三节　中国对外传播的话语困境与
人类命运共同体理念的内化

在人类命运共同体框架下，中国学界如何在国际传播学术话语研究上有所破题？换言之，中国对外传播从理念到实践是否能突破现有话语而有所转型以担负起人类命运共同体构建的使命？这既是人类命运共同体理念全球传播的实践需要，也是中国重新建构对外传播话语的必答之题目，这要求中国新闻传播学界及媒介找到与西方媒介兼容的共识性理念。

---

① 张译晟：《新冠肺炎疫情下国际传播话语博弈的解构分析》，《新闻传播》2020 年第 14 期。

一、建构性新闻的问题导向与共同体意识的内在契合

国际社会因单边主义、保护主义等面临日趋撕裂的风险，全球人类也面临各类人造及自然灾害与危机，这使得人类比以往任何时候都需要共同体的合作意识以求生存与发展的共赢。建构性新闻恰恰以寻求问题的解决之道为诉求，致力于构建"积极心理—积极行动—问题解决—良好生活—公共之善"正向循环增益的价值生产链条。[①]

作为人类命运共同体理念的首倡者，中国在推动构建人类命运共同体上发挥了引领作用。诠释并传播共同体理念是中国对外传播的重要任务，但更重要的是要在对外传播实践及理论创新中内化共同体理念的全球忧思意识及问题意识，以求在现有的对外传播困境中找到新的突破口与发力点。

对外传播是提升软实力和国际话语权的重要手段，讲好中国故事，向世界说明中国，成为中国对外传播的主要诉求，力求塑造积极正向的中国国家形象。然而，在推动构建人类命运共同体使命下，中国对外传播应在内化共同体意识尤其是全球性问题意识的基础上，将对外传播转为更具公共意义上的国际传播，在全球议题上而非仅在全球涉华议题上发声。

长期以来，西方社会对中国对外传播主体的官方身份抱有偏见，对中国官方媒体的新闻理念持有质疑。西方媒体长期主导国际新闻信息秩序，其所秉持的以批判监督为导向、以冲突性框架为叙事模式的新闻专业主义理念，与中国官方媒体以正面为主的新闻实践形成对弈。中国对外传播积极正向的话语叙事及议程设置模式往往被标签化为"宣传"，该类刻板印象也造成了中国对外传播效果的困境。

---

① 胡百精：《概念与语境：建设性新闻与公共协商的可能性》，《新闻与传播研究》2019年第 S1 期。

二、疫情传播之下的国家形象塑造与变化的国际环境

随着网络平台成为国际舆论重要阵地，面对新冠肺炎疫情这样的全球性突发公共卫生事件，新闻报道更加需要国内外相统一，内宣外宣相结合，要做到内外并重。[①] 在内外并重的要求下，既要注重文化差异，考虑到不同背景信息接受者的使用需求及接受习惯，同时还要报道准确数据及分析应对经验。在对外传播中，新闻传播需要突破一边倒的积极宣传的话语模式，同时还要主动应对国际上的涉华负面舆情。

随着新冠肺炎疫情在全球的蔓延，中国在成功控制住国内疫情后，展现了一个良好的、负责任的大国形象。非洲国家媒体普遍关注中国的抗疫方案和国际援助，并引发了关于中国政治理念和制度优势的思考。疫情发生初期，中国外交官的积极发声推动了非洲媒体对于中国理念的接受和理解；疫情好转后，非洲媒体更为关注中国官方媒体的消息和声音，《人民日报》和新华社的报道成为非洲媒体重要的信息源；中国的抗疫理念和实践被大部分国家认同后，非洲媒体和学者开始以人类命运共同体视角来观察后疫情时代中国对于世界的贡献。这些现象都表明，人类命运共同体理念正在非洲加速传播，未来关于人类命运共同体理念的讨论会涉及更多议题。

新冠肺炎疫情初期，部分西方国家蓄意中伤中国的抗疫措施和政治体制，西方媒体炮制"中国病毒""隐瞒疫情""中国应当赔偿各国损失"等恶意言论，引发了非洲政府、媒体和公众的疑虑，中国外交官在非洲媒体上主动发声，以中非命运共同体理念释疑解惑和舆论纠偏。中国驻非洲大使馆和外交官频频利用非洲媒体发声，感谢非洲国家对中国抗击疫情的帮助并回击西方国家关于中国的不实报道，阐释中非命运共同体理念。非洲媒体在报道时大量引用中国外交官的文章和关于人类命运共同体理念的表述，例如南非《商报》的《并肩战疫推动构

---

① 胡正荣、田晓：《新媒体时代突发公共事件的国际传播——以新冠肺炎疫情报道为例》，《对外传播》2020 年第 4 期。

建更加紧密的中南中非命运共同体》、尼日利亚《卫报》的《中非抗疫团结有力》、肯尼亚民族报的《平等携手合作共赢》等报道，均为中国驻该国大使的署名文章。这反映出中国外交官利用媒体，尤其是社交媒体进行公共外交的能力有了明显提升。此外，非洲本土学者也成为人类命运共同体理念的传播力量，他们了解中非的客观实际，对人类命运共同体理念更为熟悉和接受。近年来，越来越多的非洲学者在媒体上为中非合作发出正向的声音，这反映出中非人文交流和智库合作取得了良好效果。具有中国教育和工作背景的非洲学者是最早接触到人类命运共同体理念的群体，非洲学者和智库从人类命运共同体的视角分析中非合作也更为非洲民众所接受。

三、人类命运共同体理念在非洲传播面临的挑战

笔者就人类命运共同体理念在非洲传播情况进行专题研究发现，人类命运共同体理念在非传播的局限主要表现为传播主体、传播议题和传播效果单一。传播主体主要为国内官方媒体、外交官和少数非洲学者，非洲媒体大多引用中国外交官和媒体关于人类命运共同体的表述，缺少自发的书写和评论，这在一定程度上反映了中国倡导的理念尚未被非洲国家所充分理解。过于单一的传播主体会弱化人类命运共同体理念在非洲的海外传播力，仅靠非洲媒体的报道无法保证其价值取向和传播效果。单靠外交官发声和非洲媒体报道，无法有效消解价值冲突和回应国际舆论，应大力发展对非数字公共外交，利用社交媒体平台与非洲民众建立直接联系，增强人类命运共同体理念的传播力和互动力。

新冠肺炎疫情推动了人类命运共同体理念在非洲的传播，但团结抗疫以外的议题相对较少。在内化及深化该理念的传播中，国内媒体应该主动设置两种议题，一种是非洲各国普遍关心的议题，如减贫、教育、环保等制约非洲社会发展的关键问题；另一种是需要舆论纠偏的议题，如短期的"广州事件"以及长期的西方制造的"债务陷阱论"和"经济殖民论"。应通过加强中国媒体的原始信息生产和加工能力，主动设置议题，以多元的视角解读人类命运共同体理念在中

非合作各个领域的实践，将传播主体范围由官方扩充至社会组织乃至民间群众，为人类命运共同体理念在非洲的实践奠定坚实的民意基础。

四、开展新公共外交，培育知华友华学术精英群体

有别于单向度、重外宣、以推送为主的传统公共外交，新公共外交更强调双向对话，将公众视为意义的共同创造者与信息的共同传递者。新公共外交强调从公众到公众这一渠道，与传统的由政府到公众模式的公共外交纵横交错，形成更大的公共外交网络。新公共外交实践多由政府主导，但形式比传统公共外交更为灵活，往往通过积极鼓励民间非政府组织和私人机构参与，培植他国公众对本国的良好认知，尤其重视他国精英阶层在文化、教育等方面的话语引导及行动示范作用。

鉴于非洲精英群体在媒体及社会中的意见领袖角色，在对非新公共外交实践中，我们应强调双向对话，引导非洲学术精英成为中非交流与合作的共同创造者与信息的共同传递者。以实际效果为重，创新教育公共外交，培养非洲知华学术精英群体，搭建双向交流平台，促进联合研究机构的建立，可以成为我国对非外交的一个着力点。同时，学习借鉴西方国家对非学术群体的培植经验，提升我国涉非教育项目的品牌建设意识，提升来华学者及来华学生的层次和质量，培育这一群体在非洲文化、教育等方面的涉华话语引导及行动示范作用。

五、开拓数字公共外交，丰富对非公共外交主体与实践

进入 21 世纪以来，外交活动也随着互联网的迅猛发展而发生变化。学界提出了数字公共外交概念。数字公共外交是一国政府行为体及非政府行为体以数字化媒体为平台对他国开展的互动性信息交流活动，目的是赢得目标公众对本国的积极认知、理解与支持，是建立在互动传播基础上的双向沟通与交流模式。在国家媒体之外，非政府媒介机构，包括民营性质的数字及互联网企业也有可能成为数字公共外交的市场化行为体，他们在平台创新、内容整合及关系建构等方面所具有的优势，将公共外交推向更加接地气、互动、灵活、实效的氛围中来。

在我国对非公共外交领域，挖掘、支持和构建多元传播行为主体对传播人类命

运共同体理念具有战略意义。在促进中国文化走出去的实践中，民营数字化媒体的内容生产、整合与平台创新具有国家媒体不可替代的身份优势及市场竞争力。其贴近国外民众的内容选择与创新性的传播手段，对提升我国公共外交的实践具有润物无声的巧妙功效。非政府行为体，尤其是互联网信息企业在数字化媒体平台开展海外传播，对提升我国公共外交实践具有不可替代的潜能与可持续贡献力。

第五节　建构性新闻在国际传播学术话语中的价值与意义

一、以解决问题为导向，建构性新闻是对媒体角色的重新思考

随着全球媒介生态的转变，大众传播开始走向公共传播，倒逼传统的新闻产制方式及传播理念发生转变。在全球传播视域，学界及媒介开始反思西方新闻专业主义理念，在报道事实、冲突、灾难以及引发批评、监督的"坏消息"叙事范式之外，新闻实践是否可以有其他范式选择？商业模式下的新闻业除了"扒粪"及作为社会的"第四权力"执监督之责外，其社会责任如何体现？面对全球性问题的挑战，国际媒体如何应对并有可能采取怎样的叙事？

在这一反思潮流之下，建构性新闻（Constructive Journalism）概念被西方学者提出。建构性新闻主张聚焦社会问题，以探讨促进新闻事件的解决方案为新闻生产的出发点，通过提供与新闻事件相关的背景及语境，为新闻涉事方及公众做出选择提供参照。① 建构性新闻理念以媒体社会责任为出发点，而非仅

---

① C. Gyldensted, From Mirrors to Movers: Five Elements of Positive Psychology in Constructive Journalism, California: Create Space Independent Publishing Platform, 2015, pp. 10 – 20.

仅出于新闻专业主义或媒体商业逻辑，媒体及记者要以解决社会问题为己任，而非局限于追求自身职业声誉。①

建构性新闻的提出，在根本上是对西方新闻价值及媒体角色的重新思考，②目的是反思西方新闻报道追求冲突及负面内容引发的缺乏均衡报道的问题，倡导具有建构意义传播效果的新闻实践。传统媒体所经常采用的以负面及冲突为驱动导向的新闻报道并不能够充分解决问题，这一报道观念下的新闻实践，往往会以"扭曲的视角"再现世界，其所关注的是问题不是优先考虑包括解决方案在内的平衡视角。因此，有学者指出，建构性新闻的提出不是一般意义上的新闻媒体的业务改革，而是由众多新闻媒体联合发起的有目标、有组织的新闻改革运动。③ 事实上，在西方传统新闻业的盈利模式受到挑战的同时，职业新闻工作者的传统角色面临转型。在媒体的虚无主义、信息泛滥、假新闻及后真相的倒逼态势下，新闻媒体不得不重新定位新闻生产的目的及意义。④ 建构性新闻与传统的"看门狗"式的新闻范式不是让媒体做出非此即彼的选择，而是要规避新闻消极叙事范式所引发的负面影响，追求积极的、具有建构意义的传播效果。

二、倡导积极叙事，建构性新闻超越新闻专业主义消极叙事局限

西方新闻媒体倡导的建构性新闻仍旧坚持真实、客观、平衡等新闻原则而有

---

① 张艳秋：《中国对非传播的建构性新闻学术话语建构：内涵与价值》，《新闻与传播研究》2019 年第 S1 期。

② K. McIntyre & M. Sobel, "Reconstructing Rwanda", Journalism Studies, Vol. 19, No. 14, (May, 2017), pp. 2126 – 2147.

③ 蔡雯：《从当代西方新闻改革运动看职业观念转变——"建设性新闻""方案新闻""公共新闻"评析》，《新闻与传播研究》2019 年第 S1 期。

④ N. Kuprashvili & N. Chalaganidze, Constructive Agricultural Journalism, Waymart：UNIVERSAL, 2018, p. 1.

别于宣传。① 鉴于强调灾难及冲突报道框架的消极新闻叙事往往会加剧社会的焦虑，建构性新闻鼓励公众及涉事方采取积极行动。② 西方学者强调，建构性新闻并不否定消极叙事模式下的"坏消息"，而是要超越新闻专业主义消极叙事带来的局限。此外，与调查性新闻的"往后看"模式不同，建构性新闻超越了"提问＋问责"这一维度，倡导"向前看"的新闻生产，即在厘清现有问题的基础上关注问题的"未来解决之道"并促进各方共识的达成。建构性新闻追问的是"怎么办"而非"为什么"。与传统新闻理念不同，建构性新闻生产聚焦公众积极情感的召唤，以此避免消极叙事新闻带来的恐惧、疏离、分化、冷漠等情绪对社会化关系的分化与消解。③ 显然，疫情相关报道恰恰需要这样的新闻操作，媒体会自觉地避免陷入参与指责、甩锅及"后真相"的博弈，同时超越新闻专业主义下的瞭望、把关、监督角色，而成为参与者与倡导者。

建构性新闻的开放性为其在国际传播中的运用及对话预留了空间。建构性新闻的提出源于西方国家，但其在理念上具有"弱西方化"的特征。换言之，该理念是对西方新闻专业主义理念的一次反思与超越。新闻的划分不应以"坏消息才是好新闻"的消极叙事模式为标准，新闻叙事模式可以是多元的。不论是好新闻还是坏新闻，正面报道还是负面报道，都应该是新闻的组成，而且是各司其职，各尽其用。④

2020 年 3 月中旬，国际媒体报道及社交媒体互动次数开始飙涨。其中，如何

---

① ［美］凯伦·麦金泰尔、林晓平：《建设性新闻：概念的界定与实验》，《新闻与传播研究》2019 年第 S1 期。

② D. BADEN, K. MCINTYRE & F. HOMBERG, "THE IMPACT OF CONSTRUCTIVE NEWS ON AFFECTIVE AND BEHAVIORAL RESPONSES", JOURNALISM STUDIES, VOL. 20, NO. 13, (NOVEMBER, 2019), PP. 1940 – 1959.

③ K. MCINTYRE & C. GYLDENSTED, "CONSTRUCTIVE JOURNALISM：AN INTRODUC-TION AND PRACTICAL GUIDE FOR APPLYING POSITIVE PSYCHOLOGY TECHNIQUES TO NEWS PRODUCTION", THE JOURNAL OF MEDIA INNOVATIONS, VOL. 4, NO. 2, 2017, PP. 20 – 34.

④ Seligman M, "Constructive journalism and Moyers' dictum", Journalism, Vol. 20, No. 4, (March, 2019), pp. 489 – 491.

延缓疫情蔓延的报道成为社交媒体互动关注最多的话题。2020 年 1 月 1 日至 3 月
20 日，媒体产生 790 万篇报道，引起 1.13 亿次社交媒体互动。① 在国际媒体报
道中，死亡人数仍然是最受关注的话题，其次是病毒检测。社交距离成为社交媒
体中公众反应最为集中的一个话题。② 社交媒体对应对疫情做出了最直接的反
应，这也给传统新闻业提出了挑战，即各国媒体如何回应公众在社交媒体上传递
的关切。

三、跨媒体语境下建构性新闻的社会兼容性及开放性

从价值共识和多元语境出发，建构性新闻的开放性框架在不同社会语境下可
以呈现出不同的形态，为不同国家媒体寻求符合社会观照的建构性新闻本土实践
提供了可能。③ 过去的几年里，笔者围绕建构性新闻就中国对非传播、中非媒体
比较、非洲媒体发展展开了系列研究。④ 例如，通过实证研究比较了英国广播公
司及《中国日报》对非洲埃博拉病毒的报道。研究发现，两家媒体在疫情报道
中均使用了建构性新闻叙事框架，建构性新闻对开展健康传播、发展传播等具有
积极意义。⑤

建构性新闻理念在不同媒体语境下的落地，表明其普遍价值是能够与不同国

---

① 美通社：《疫情下的海外传播：国际媒体关注什么？》，见 https：//www. sohu. com/a/
384709806_509440。

② 美通社：《疫情下的海外传播：国际媒体关注什么？》，见 https：//www. sohu. com/a/
384709806_509440。

③ 史安斌、王沛楠：《多元语境中的价值共识：东西比较视野下的建设性新闻》，《新闻
与传播研究》2019 年第 S1 期。

④ Y. Zhang & S. Matingwina, Constructive journalism: A new journalistic paradigm of Chinese
media in Africa, China's media and soft power in Africa, NY: Palgrave Macmillan, 2016, pp. 93 –
105.

⑤ Y. Zhang & S. Matingwina, "A new representation of Africa? The use of constructive jour-
nalism in the narration of Ebola by China Daily and the BBC", African Journalism Studies, Vol. 37,
No. 3, (September, 2016), pp. 19 – 40.

别现实需要进行接合的。此外，建构性新闻的中性或偏积极的中立价值取向，使不同国家及不同所有权的媒体均可践行建构性新闻。①

面对疫情挑战，中央广播电视总台全力投入抗击疫情的宣传报道及舆论引导工作，积极把握疫情特殊时期国际传播规律和国际舆论博弈现实，积极探索创新媒体公共外交方式与方法，积极开展形态丰富、渠道多样、规模空前的媒体合作，为讲好抗疫故事、分享抗疫经验、凝聚抗疫力量提供有力舆论支撑。例如，时政微纪录片《武汉保卫战》和动画微纪录片《守护生命》《战武汉》等，全景展现以习近平同志为核心的党中央举全国之力开展疫情防控的决策部署，真实展示中国道路、中国制度的显著优势，被大量海外主流媒体及网站转播转发，受到海外受众广泛赞誉。②

四、内涵建构性传播特质，建构性新闻讲求媒体责任与社会参与

建构性新闻本质上具有建构性传播的特质。建构性传播（constructive communication）首先在人际沟通与传播领域被提出来，目的是引导人们建立良好的沟通与理解，以求对问题的解决产生具有建设性的告知、讨论、协调、平衡等作用。③ 人际交往研究领域的建构性传播有几个基本原则，具体包括问题本身原则、避免以观点代替事实原则、倾听原则、面向未来原则、对事不对人原则等。④ 这些原则为依托媒体开展的建构性传播提供了富有意义的参考。然而，从

---

① p. bro, "constructive journalism: proponents, precedents, and principles", journalism, vol. 20, no. 4, (may, 2019), pp. 504 – 519.

② 中央广播电视总台党组：《以国际媒体合作践行人类命运共同体理念 为全球战疫提供有力舆论支撑》，《求是》2020 年第 14 期。

③ Softwaretester, Constructive Communication Skills in the Workplace, 见 https: //softwaretester. careers/constructive – communication – skills – in – the – workplace/。

④ Softwaretester, Constructive Communication Skills in the Workplace, 见 https: //softwaretester. careers/constructive – communication – skills – in – the – workplace/。

新冠病毒的溯源到疫苗的研发及推广，到不同国家防疫举措的差异，再到公众对疫情防控手段的反应，国际新闻传播中上演着充斥利益观点而非基于事实依据的"口水战"。此外，一些西方媒体借报道新冠肺炎疫情之机，煽动仇华情绪，以至于有媒体指出，比新冠肺炎疫情更可怕的是西方媒体的舆论病毒。

面对新冠肺炎疫情下的国际报道，笔者再次反思现有的国际传播潜在的理念问题。当人类面临共同的挑战时，理性的媒体应该在反思的基础上有所作为。各类环境中的分歧与对抗总是难以避免，建构性传播有助于避免不必要的冲突，这要求涉事方保持思想的开放，有接受不同政见的准备。最关键的是，建构性传播中的媒体作为参与者需要有以解决问题为出发点的共同目标。建构性新闻的问题导向、未来导向、积极叙事、开放性与包容性构成了建构性传播的特质。

讨论建构性新闻与建构性传播就必然要讨论新闻媒体的社会角色。建构性新闻下的媒体强调其社会责任与参与性，是社会进步的建设者与维护者。以建构性传播为视角，我们会发现中国媒体有着高度的社会责任，但由于近些年对外传播的单向度宣传特征较为鲜明，使得中国的对外传播缺乏互动的协调性，关注对象多以中国为中心。在人类命运共同体理念下，要把全球性及区域性的问题与挑战列入议事日程，化自身的"小我"于人类的"大我"之中。

五、学术话语创新，以建构性新闻为路径突破宣传话语困境

建构性传播营造的是一种新的传播生态。生态的建构是一个系统性工程，仅有新闻媒体机构自身推进建构性新闻实践是不足以改变媒介生态的。只有当建构性传播理念延展到其他媒介内容及传播介质时，传播生态才有可能慢慢转变。媒体、传播内容及公众的互动建构对达成共识及行动具有整体意义。中国的对外传播在内容及载体上不能局限于新闻传播，纪录片、影视剧、音乐、动画、出版、在线内容等应在对外传播中形成合力并带动起一种积极叙事的节奏与氛围。在这种氛围下，中国媒体关注的问题及议程更具国际性及公共性。

学术话语创新需要把中国和世界结合起来，又要兼顾学术话语的创新与现实应用相互对接。[①] 学术话语创新需要我们转换思维方式，把建构性新闻及建构性传播引入对外传播学术话语中加以讨论，或许会让我们找到与国际学界进行新闻学术对话的新视角，从而突破中西二元对立的困境。哲学社会科学话语创新要立足中国社会的发展和当代世界的变化，对外传播学术话语创新亦是如此。尽管建构性新闻与传播提倡积极叙事，但这不等同于宣传或正面报道，也不是所有积极叙事的内容都可归为建构性传播。因此，不能把中国的新闻实践及对外传播毫无分别地直接扣上建构性的帽子，这有可能让我们再次失去一个对话及达成共识的机会。

第六节　建构性新闻理念与国际传播话语转型

疫情挑战国际传播实践，更挑战国际新闻报道理念。以建构性新闻理念与框架来解读中国的国际传播具有多重价值。中国对外传播需要通过新的学术话语来弥合与国际媒体在传播理念上的差异，而建构性新闻的开放性与超越媒体所有权的价值取向为这种弥合提供了空间与操作的可能性。建构性新闻的积极叙事模式，对中国国际新闻生产的话语转型具有新意，部分内容生产可以从以"我"为中心转到以"问题"为中心，从"讲好中国故事"转到传播"共同体意识"，从"自说自话"转到"共同体对话"。

推进中国在非话语权建设，我们既面临长期以来积累的负面话语困扰，又遭遇新冠肺炎疫情及中美博弈带来的新挑战。从传播策略的角度推进中国在非话语权建设研究，关乎中国在非利益，更关乎未来一段时间中国在国际舞台上的角色地位及影响力。随着国际环境及传播环境的变化，中国在非洲的话语权建构是一

---

① 骆郁廷：《论哲学社会科学学术话语创新》，《中国社会科学报》2014 年第 115 期。

场复杂的、伴随着各种斗争的博弈，同时也是赢得国际竞争及国际认同的重要法宝。

建构性新闻理念强调的是媒体的社会建构意义以及媒体塑造周围环境的正向影响力。[①] 这对国际传播中全球变暖、公共卫生健康、和平安全等带有全球性挑战的议题尤为适用，也为超越以媒体所有权为框架讨论新闻生产提供了新闻的话语空间。发展中国家渴望发展，其新闻学界、业界长期提倡发展传播，但在新闻实践中如何推进发展传播又缺乏具体的操作理念，建构性新闻传播有可能为发展传播提供经验及方案。[②]

以建构性新闻为理念来重新阐述中国媒体的国际传播，有利于摘去被冠以的"正面报道"的简单化标签，通过创新中国学术话语来打破西方传统新闻学的主导格局，引导国际学术话语走向，在价值取向等维度重新定义和开拓中国国际传播实践。

---

① N. Kuprashvili & N. Chalaganidze, Constructive Agricultural Journalism, Waymart: Universal, 2018, p. 3.

② 张艳秋:《以媒体合作促进中非民心相通》,《西亚非洲》2020 年第 2 期。

| 第九章 |

"全球合作抗疫"中的世界图景
——基于第三层次议程设置的分析

相较而言，媒体议程较为宏大和抽象、热点分散，而网络公众议程多聚焦于疫情对日常生活的影响。媒体议程与网络公众议程显著相关，在"全球合作抗疫"议题下，突出表现为两个议程都呈现出国际关系两极化阵营图景。本章进一步验证了第三层次议程设置模型，并为网络议程设置理论的深化研究拓宽了视角，提供了有效的实证检验。

第一节　理论背景：第三层次议程设置

一、网络化时代的议程设置

对新闻议题的分析与探究通常被纳入议程设置的研究范畴。传统的议程设置理论将人的认知结构看作线性的，认为新闻报道中的议程设置对公众具有重要影响①。正如美国科学史学家科恩所说，"新闻媒体在告诉人们该想什么方面异常成功"②。新闻议题从媒体传递至公众通常被视为议程设置的第一层次，关注的是公众脑海中的"图景"是关于什么的，即客体议程设置。之后，不少学者指出，媒体不仅能够根据需求设置议题传递至目标公众，还能够影响公众对议题属性的辨别与判断。③ 这一发现被理论研究者视作议程设置的第二层次，这一层次关注的是该"图景"的主要性质是什么，即属性议程设置。

随着互联网时代的到来和社交媒体的涌现，信息生产的社会化、传播渠道的多元化以及信息接收的碎片化，使得信息的流动和获取不再是传统的线性模式，而是发生了网络化转向。④ 基于媒介环境的现实，郭蕾和麦库姆斯提出了议程设置理论的第三层次，即网络议程设置（Network Agenda Setting）。网络议程设置最大的转变是承认人类认知结构的网络化本质，指出公众对于议题的认知是类似于不同节点相互连接的网络结构⑤，需要考察公众脑海"图景"的状态、特征以及其与新闻议程之间的关系等。议程设置向第三层次拓展为传播效果研究提供了新的思路，通过研究公众的记忆网络与媒体新闻议题之间的关联程度，可以确认第三层次的议程设置是否存在，以及以什么方式存在，从而探讨作为媒体的核心功能的议程设置在互联网媒体时代的存在形式和影响路径。

---

① McCombs, M. E. & Shaw, D. L., "The Agenda – Setting Function of Mass Media", Public Opinion Quarterly, Vol. 36, No. 2, (June, 1972), pp. 176 – 187.

② Cohen, B. C., The press and foreign policy, Princeton: Princeton University Press, 1963.

③ McCombs, M., Llamas, J. P., Lope – Escobar, E. & Rey, F., "Candidate Images in Spanish Elections: Second – Level Agenda – Setting Effects", Journalism & Mass Communication Quarterly, Vol. 74, No. 4, (Winter, 1997), pp. 703 – 717.

④ 史安斌、王沛楠:《议程设置理论与研究 50 年：溯源·演进·前景》，《新闻与传播研究》2017 年第 10 期。

⑤ Guo, L., "A theoretical explication of the network agenda setting model: current status and future direction", in The power of information networks: New directions for agenda setting, Guo, L. & McCombs, M. (eds.), London: Routledge, 2015, pp. 1 – 15.

二、第三层次议程设置

网络议程设置理论自提出以来就受到学术界的广泛关注，研究者尝试针对不同议题，在不同国家和地区进行实证检验，以期逐步完善该理论。郭蕾与麦库姆斯在一项针对得克萨斯州选举的新闻议程能否传递到公众议程的研究中，证实了网络议程设置的存在①。之后，Cheng 等人借鉴了"德州实验"，研究"香港特首豪宅违建"事件中的媒体与公众网络议程，发现二者有较强的相关性②。

此后国内对网络议程设置的研究开始增多，Wang 通过对比微博上不同群体对突发新闻事件（天津滨海新区爆炸事故）和非突发新闻事件（屠呦呦获诺贝尔奖）的网络议程设置，得出传统媒体丧失了对微博平台的主导性的结论③。蒋俏蕾等基于萨德事件中我国报纸媒体和公众问卷调查的相关数据，检验了网络议程设置模型在隐性和显性层面的解释力④。郝帅和罗晨对"李文星事件"中传统媒体、社交媒体以及公众认知进行了分析，发现传统媒体与社交媒体的网络议程与公众认知网络相关，传统媒体相关度更高⑤。

在研究方法上，网络议程设置检验引入了社会网络分析法，并借助可视化工具，将媒介议程的面貌更直观地呈现了出来。同时，对公众议程的描述也突破了传统的问卷调查方法，采用思维导图、网络大数据等方法进行分析。然而，作为一个新兴的研究分支，第三层次议程设置的适用性和延展度仍然需要更多的探索

① Guo, L. & McCombs, M., "Networked agenda setting: A Third level of media effects", paper presented at the ICA annual conference, 2011.

② Cheng, Y., "The third – level agenda – setting study: An examination of media, implicit, and explicit public agendas in China", Asian Journal of Communication, Vol. 26, No. 4, (January, 2016), pp. 319 – 332.

③ Wang, Q., "A comparative case study: Network agenda setting in crisis and non – crisis news", Global Media and China, Vol. 1, No. 3, 2016, pp. 208 – 233.

④ 蒋俏蕾、程杨：《第三层次议程设置：萨德事件中媒体与公众的议程网络》，《国际新闻界》2018 年第 9 期。

⑤ 郝帅、罗晨：《第三层次议程设置检验——"李文星事件"中的媒体与公众议程网络分析》，《教育传媒研究》2019 年第 2 期。

和实证研究的检验。

第二节　研究方法：围绕"全球合作抗疫"的数据采集与分析

一、话题选择与研究问题

议程设置研究[①]一直以来都比较关注政治[②]相关议题[③]。史安斌和王沛楠[④]分析了 2013 年以来的议程设置研究，发现政治议题仍占据着最高的比重。如前所述，自疫情发生以来，"全球合作抗疫"的理念经历了从未有人知到逐步被推上前台的演变过程。本章研究显示，全网第一篇关于"全球合作抗疫"的报道发布于 2020 年 2 月 15 日。随着疫情的发展和国际形势的变化，我国对"全球合作抗疫"的报道数量逐渐增多（见图 9 - 1）。新闻尤其是国际新闻对于受众无法亲身体验和了解的国际社会的描绘是当今媒体时代人们形成头脑中的世界图景的主要认知通道。2020 年新冠肺炎疫情在全球范围内蔓延，复杂的国际政治外交关系使得这一公共卫生议题迅速转变为国际关系议题。因此，新冠肺炎疫情背景下的"全球合作抗疫"成为研究国际关系偏向的第三层次议程设

---

① McCombs, M. E. & Shaw, D. L., "The Agenda – Setting Function of Mass Media", Public Opinion Quarterly, Vol. 36, No. 2, (Summer, 1972), pp. 176 – 187.

② Kiousis, S. & McCombs, M., "Agenda – setting effects and attitude strength: Political figures during the 1996 presidential election", Communication Research, Vol. 31, No . 1, (February, 2004), pp. 36 – 57.

③ McCombs, M., Lopez – Escobar, E. & Llamas, J. P., "Setting the agenda of attributes in the 1996 Spanish general election", Journal of Communication, Vol. 50, No. 2, (Spring, 2000), pp. 77 – 92.

④ 史安斌、王沛楠：《议程设置理论与研究 50 年：溯源·演进·前景》，《新闻与传播研究》2017 年第 10 期。

置的理想议题。

国际面向的公共议题在公众认知与传统媒体的叙述之间是否存在差异？这些共性和差异呈现什么样的特点？这些特点能否对解释和完善网络议程设置理论提供有价值的数据支撑并做出理论贡献？基于此，本章提出如下研究问题：

研究问题1：关于"全球合作抗疫"，媒体议程网络呈现出怎样的特征？

研究问题2：关于"全球合作抗疫"，公众议程网络呈现出怎样的特征？

研究问题3：媒体议程网络与公众议程网络之间存在什么样的关系？

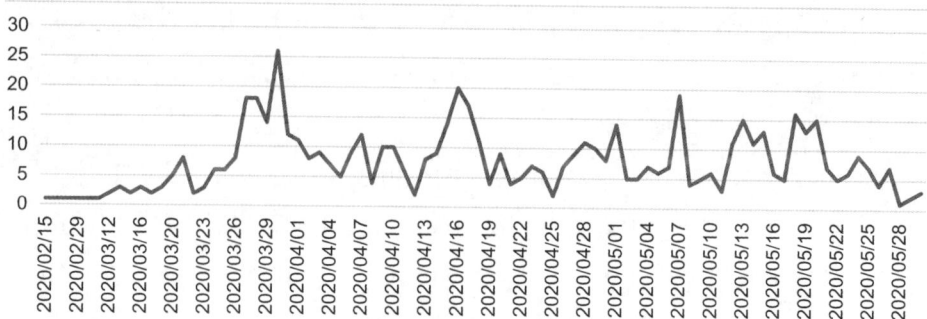

图9-1 "全球合作抗疫"媒体报道数量

二、数据采集与数据特征

数据采集分为两个部分：一是传统媒体，以"全球合作抗疫"作为关键词在大数据平台上限定传统媒体与网络新闻群组进行全网搜索，时间限定为2020年1月1日-5月29日，共采集到3801条数据。去除无效链接、广告、软文等不相关内容，并将相同报道内容合并，最终收集到628篇有效报道。二是社交媒体，同样以"全球合作抗疫"作为关键词在大数据平台上限定社交媒体群组（包括微信、微博、论坛、贴吧）进行全网搜索，经过筛选合并，选取转发量排名靠前的评论内容共63条。

表 9 – 1 数据类型

	类型	数量
传统媒体	消息	363
	评论	173
	深度报道	92
社交媒体	社交媒体评论	63

收集数据后，由两组编码员对每一条传统媒体报道和每一条社交媒体评论进行人工的关键词提取。本章未采用分词软件，一方面由于数据量较小，人工提取工作量不大；另一方面编码员对新闻内容的理解与研判能够减少软件分词可能出现的机械误差，提高分词准确率。

从媒体类型来看，"全球合作抗疫"的报道主体比较多元，官方媒体、非官方媒体、门户网、客户端都有突出表现。从发布数量上看，非官方媒体的声量更大。从发布量排名来看，中国网作为官媒位列第八，其余均为非官方媒体。显然，从声量对比来看，非官方媒体更占优势。将报道主体与报道数量结合起来看，非官媒的数量少于官媒，但非官媒的报道量远高于官媒。

表 9 – 2 媒体类型

媒体类型		媒体数量	发布量	典型媒体
官媒		50	199	中国网、环球网、人民网
国外媒体		1	1	路透社中国版
其他	门户网站	11	172	新浪、搜狐、网易、腾讯
	移动客户端	8	141	今日头条、ZAKER
	内容创作平台	1	80	百度百家
	其他	28	36	天天快报、同花顺
排名	名称	发布量	百分比	类型
1	百度百家	80	12.5	内容创作平台
2	新浪	44	6.9	门户网站
3	搜狐	36	5.6	门户网站

（续表）

	媒体类型	媒体数量	发布量	典型媒体
4	网易	31	4.9	门户网站
5	今日头条	27	4.2	移动新闻客户端
6	Zaker	26	4.1	移动新闻客户端
7	中国网	26	4.1	官媒
8	澎湃	23	3.6	移动新闻客户端
9	今日关注	20	3.1	移动新闻客户端
10	立决新闻网	20	3.1	门户网站

三、数据分析方法

社会网络分析的主要维度为节点（node）、连接（tie）以及网络（net）。本章主要从网络密度、节点平均距离以及 MDS 降维三方面描述新闻内容与社交媒体评论内容的网络属性。基于已提取的关键信息，建立词频共现矩阵，借助社会网络分析工具 Ucinet 6[①] 以及可视化工具 Netdrow 对共词网络进行分析[②]。

本章采用 QAP[③] 相关分析，计算新闻报道与社交平台两个矩阵的相关程度。新闻报道或社交平台反馈中相关属性的共现次数被计算出来用以测量任意两个属性间的关联强度。两个属性在同一篇报道或同一个反馈中共同出现的频率越高，这两个属性之间的关联就越强。

---

① 刘军：《整体网分析：UCINET 软件实用指南》，格致出版社、上海人民出版社，2014 年版，第 55 - 62、76 - 82 页。

② Borgatti, S. P., Everett, M. G., & Freeman, L. C., Ucinet for Windows: Software for social network analysis, Harvard, MA: Analytic Technologies, 2002.

③ Krackhardt, D., "QAP partialling as a test of spuriousness", Social Networks, Vol. 9, No. 2, (June, 1987), pp. 171 - 186.

第三节 研究发现：构建世界图景的媒介

一、媒体议程网络特征

（一）主题宏大，热点分散

对新闻报道内容进行分词并统计词频发现，高频词主要呈现出三种主题倾向：其一，陈述疫情："新冠""肺炎""疫情""抗疫"等词频繁出现，说明新闻报道首要关注点为疫情的发展及抗疫现状。其二，强调合作抗疫：在高频词中，"国际合作""权贵合作""携手""共同""联合"等词反映了新闻报道对国际合作抗疫的关注。其三，各方态度："中方""中国政府""美国""20国集团""中欧""非洲"等代表性国家和地区词语频繁出现，说明新闻内容关切国际各方对疫情及合作抗疫的态度。

表 9-3 媒体议程高频词

新冠	868	中国政府	84
抗疫	866	国际合作	83
肺炎	515	特别峰会	60
肺炎疫情	350	累计确诊	59
疫情防控	179	中欧班列	58
病毒	160	提供	55
抗击疫情	142	全球公共卫生	55
全球合作	131	20国集团	53
确诊病例	117	命运共同体理念	52
人类命运共同体	111	大流行	50
医疗物资	95		

对传统媒体议程进行网络分析发现，全球合作抗疫报道中关键词网络节点之间的平均距离[①]为 2.719，即每两个关键词大概需要不到 3 个词就可以联系起来。同时，全球合作抗疫报道内容的网络密度[②]值为 0.1156，在 0-1 之间，密度偏低，连接相对不是很紧密。由此说明，传统媒体议程内容的主题集群不是很明显，有多个分散的报道热点。

（二）世界小而紧密

本章将每一条新闻报道中提及的国家和地区逐一提取出来，并对其进行出现频次的统计。在 628 篇新闻报道中，国家提及次数共 3269 次，提及次数最多的国

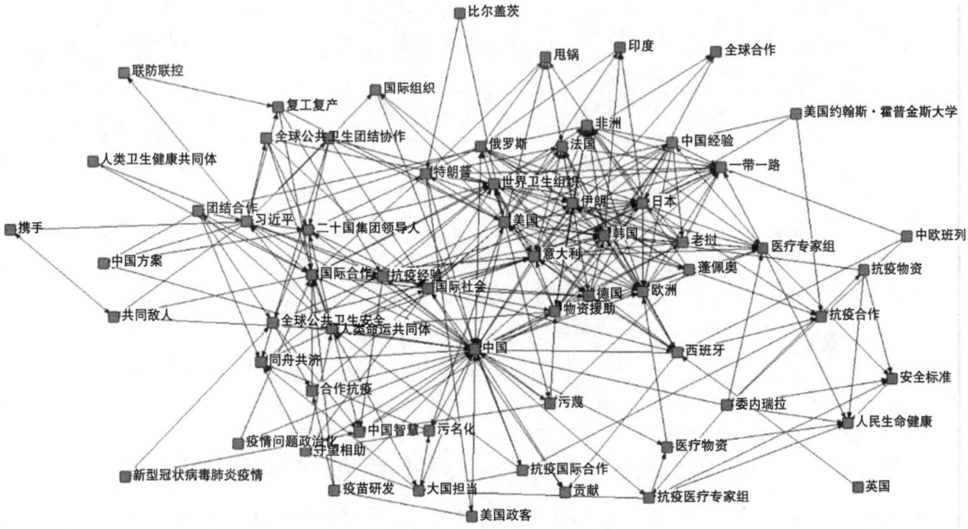

图 9-2　整体网络[③]

---

① 平均距离是社会网络中节点与节点之间交流所要经过连线数的平均值。分析网络的平均距离能够反映全球合作抗疫新闻报道中关键词之间的联系程度。

② 网络密度是社会网络分析中常用的一种测度方法，用于描述社会网络节点之间联系的紧密程度，能够反映一个网络的凝聚力水平。网络密度分析可以发现全球合作抗疫报道中关键词之间联系的紧密程度。

③ 连线越多，网络密度越大。

家为中国，提及 1555 次；其次是美国，提及 728 次。提及频次排名前五的国家分别是中国、美国、英国、俄罗斯、意大利，提及的国家呈现两强多点的特征。

在所有报道中总的提及国家数量为 101 个。目前联合国认证的主权国家数为 195 个，我国新闻报道中提及的国家个数占全球主权国家个数的 51.79%。从新闻报道中提及国家数量可见疫情席卷范围之广，在不到半年的时间内，疫情与抗疫发展成为一个全球性事件。

表 9 - 4　国家提及频次

国家	频次	国家	频次	国家	频次
中国	1555	韩国	35	加拿大	17
美国	728	菲律宾	32	泰国	16
英国	84	巴基斯坦	28	柬埔寨	15
俄罗斯	72	瑞典	27	埃及	15
意大利	53	委内瑞拉	24	中非	14
西班牙	48	印度	19	越南	13
德国	38	荷兰	19	老挝	13
伊朗	37	塞尔维亚	18	巴西	13
日本	37	印度尼西亚	17	蒙古	11
法国	36	新加坡	17		

此外，通过计算各个国家作为关键词的平均距离，发现国家与国家之间的平均距离为 2.103，即每两个国家之间只需要通过另外两个国家就能联系起来。六度分割理论（Six Degrees of Separation）认为，每两个陌生人之间的平均距离为 6，Facebook 2011 年的数据显示，两个陌生的 Facebook 用户之间的距离为 4.12，世界的关联远远比空间距离要小。而在全球合作抗疫的新闻报道中，这一距离被缩小到了 2.103。

表 9 - 5　成分分析

成分	节点数	占比
1	62	0.939

（续表）

成分	节点数	占比
2	4	0.061
缺失值	35	
导入数据集：101 个国家关键词 成分分析类型：WEAK 发现两个有效成分。		

除了使用平均距离之外，本研究还使用了社会网络分析中的成分分析对国家关键词进行聚类，结果发现，大部分国家关键词都落入了一个成分中，以此来证明在"全球合作抗疫"这个新闻议题中，国家与国家之间关系非常紧密。

二、公众认知议程网络特征

对社交媒体评论内容进行分词及词频统计后发现，词频分布较为平均，尽管有可能是样本量小而导致的偏差，但仍然具有一定的解释力度。出现较多的词汇有疫情（52）、医疗资源（26）、金融（21）、企业（15）、出行（13）等。这些词的反复出现，一定程度上说明对于"全球合作抗疫"这样的国际性议题，公众更多地将其与个体的实际生活联系在一起。相较于宏大而抽象的国际政治，老百姓更在意自己的衣食住行用。

表 9-6　公众认知议程高频词

疫情	52	证券	17
中国	36	企业	15
美国	27	出行	13
医疗资源	26	涨停	9
金融	21	单位	7

在公众认知网络中，提及的国家个数并不多，主要提及的国家和地区包括中国、美国、西班牙、意大利、日本。其中，中美两国出现的次数最高，中国为 36 次，美国为 27 次。与"中国"共现的词汇包括"抗疫""携手""疫苗""班

列""物资"等。与"美国"共现的词汇包括"比尔盖茨""甩锅""推责""断供""抹黑"等。社交媒体评论中，与中国相关的词汇大多偏向正面，而与美国相关的词汇大多偏向负面，可见，公众认知网络中，中美两国在"全球合作抗疫"背景下出现了阵营化对立态势。

表9-7　中美共现词中心度

与"中国"共现词	中心度	与"美国"共现词	中心度
抗疫	32.000	比尔盖茨	20.000
携手	27.000	甩锅	18.750
疫苗	22.000	推责	16.250
班列	17.000	断供	9.375
物资	9.000	抹黑	6.875

三、媒体议程与公众认知议程的相关性

QAP 相关分析被用来检测传统媒体议程与公众议程网络的关联性。结果显示，媒体议程与公众议程彼此显著相关。这说明，公众对"全球合作抗疫"的认知受到传统媒体议程的影响。

表9-8　媒体议程网络与公众认知网络相关性

	传统媒体议程网络
相关系数	r
社交评论议程网络	.12**

注：*p<.05**p<.01（P值即概率，反映某一事件发生的可能性大小。统计学根据显著性检验方法所得到的P值，一般以 P < 0.05 为有统计学差异，P<0.01 为有显著统计学差异。其含义是样本间的差异由抽样误差所致的概率小于0.05、0.01）。

分析公众议程网络可知，公众认为在"全球合作抗疫"议题下，存在中美两国之间的阵营化对立，这很可能是受到了传统媒体议程的影响。为了验证这种可能性，我们对媒体报道中出现的国家进行了 MDS 降维分析。用 Netdraw 对数据进行可视化后可以清晰地看出，在关系强度为 4 时，伊朗和意大利搭成了结构

桥；意大利一侧中心点为美国，伊朗一侧中心点为伊朗；意大利阵营的主要节点包括西班牙、美国、德国，伊朗阵营的主要节点包括巴基斯坦、泰国、伊拉克。由此可见，传统媒体的报道倾向对公众认知产生了影响。

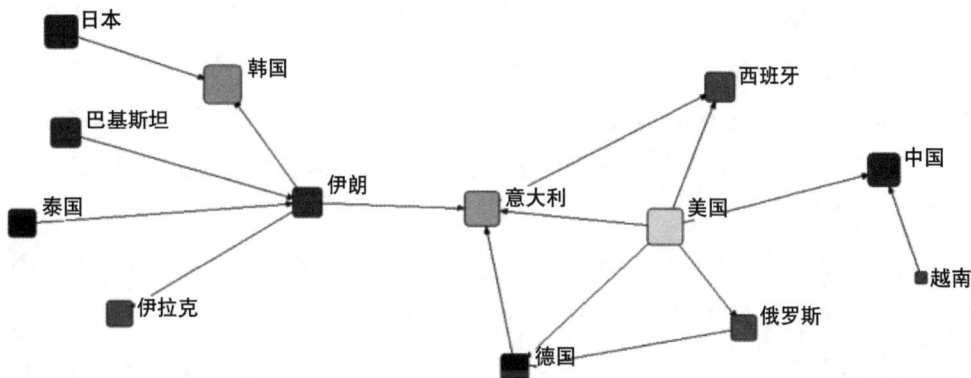

图 9 - 3　新闻报道中的国家阵营网络

我们发现，媒体的"全球合作抗疫"报道主题宏大，热点较为分散，公众认知更为关注"全球合作抗疫"给日常生活带来的影响。从媒体与公众认知的关系来看，媒体议程网络与公众认知网络存在较强的相关关系。这种相关性突出地体现在国际关系阵营化对立的认知图景中。围绕"全球合作抗疫"这一议题，无论是媒体议程网络，还是公众认知网络都形成了中美两个对立阵营的图景。

本章选取"全球合作抗疫"这一具有国际关系偏向的全球公共议题作为研究对象，通过社会网络分析方法对媒体议程和公众认知议程二者的网络状态、网络属性以及关联性进行了实证分析，考察了媒体报道与公众认知的共性、差异及其关联性，其研究结果进一步验证了第三层次议程设置模型，为网络议程设置理论的深化研究拓宽了视角，并提供了有效的实证检验。

新闻报道就其本质属性而言，就是通过及时展现世界的最新面貌和状况向人们提供一个"世界图景"。麦克卢汉在《理解媒介》中提出"电视图像本身是一个平坦的二维马赛克图像。"刘建明将麦克卢汉的"电视图像"扩展到整个新闻媒介，进而认为"新闻对于人类认识世界而言，是建构这个世界的材料，但它是以无数帧画面组合世界的"①。

所以，新闻报道不只是呈现个别新闻事件和事实，也不只是以社会文化制度的身份参与新闻事件和事实的构建，它还构建了人与世界的关系，形成或改变人们对世界体系的认知。尤其是当人们无法用直接经验去修正别人提供的认知结论，无法具备较为全面的个体知识去替代"标准认知"的时候，新闻报道会成为构建世界图景的最主要的媒介形式和认知途经。那么，以本国为核心构建起来的一个关于国家与国家之间的关系图谱，就会成为新闻媒体提供的世界图景的最鲜活的例证。

诚然，本研究还存在一定的局限。一方面，尽管检验了第三层次议程设置模型，但未能将公众的认知水平、行动逻辑等差异纳入模型考量。另一方面，"全球合作抗疫"本身是一个国际性议题，后续应将不同语境下的新闻议程归入研究范畴，考量不同文化及政治背景的议程设置属性及网络特征。研究的深化和细化能够在应用层面为推动"全球合作抗疫"理念的传播与实现提供更有价值的策略建议。

---

① 刘建明：《"传播的仪式观"与"仪式传播"概念再辨析：与樊水科商榷》，《国际新闻界》2013 年第 4 期。

| 第十章 |

世界卫生组织的跨国科普传播实践

公民科学素质是实施创新驱动发展战略的基础，是国家综合国力的体现，科普工作在国家发展战略中的地位越来越重要。随着全球化进程的不断推进，跨国界、跨文化的科普实践得到了快速发展。特别是在新冠肺炎疫情这种全球突发公共卫生事件中，跨国科普扮演着非常重要的抗疫传播作用。科普一般指的是为广大人民群众普及先进的科学技术，全方位地提升人民的科学文化素养的社会性质活动，[①] 也就是存在一定的国家或文化边界，但跨国科普却是基于人类共同的科学知识与生活需求，以及共同的危机应对需求，以国际间的交流与合作为实践主体，从而拓展了科普的传播范围。新冠肺炎疫情使跨国科普变得愈加重要，驱动着科普传播成为国际传播的一个重要构成部分，当然也呈现出复杂的矛盾与困境。

第一节　跨国科普实践的现状与困境

近年来，跨国科普实践在趋势上呈现出地缘区域互动合作态势。英美科普研

---

① 王蕾、郭得华、任蓉、张希迪：《我国科普国际交流平台建设的思考与建议》，《创新科技》2018 年第 18 期。

究起步较早，已经形成相对成熟的跨国互动机制。在发展中国家，如非洲地区的肯尼亚作为实践的关键地点，也与坦桑尼亚、埃塞俄比亚等非洲国家建立了合作关系。在亚洲地区，中国与韩国、日本、新加坡等合作更为密切。① 简言之，当下的跨国科普实践具有以下特征。

首先，跨国科普成为业界与学界的热点课题，各国政府对科普工作多加重视。在政府和社会的联合推动下，跨国科普更加注重媒介化环境中的知识共享。世界各国及地区的组织机构开始借助多媒体平台进行知识普及，例如"一带一路"科普交流周、CGTN官网的"Tech&Sci"虚拟科普平台板块等。值得注意的是，由于社会化媒体的快速发展，个体参与科普活动的频次和形式也在不断丰富。

其次，在互联网的驱动下，传统媒体与新媒体深度融合下形成的，包含多种媒体手段与形态的全媒体平台成为信息的集大成者。跨国科普在全媒体辅助下完善了平台建设，其趣味性、多样性与参与性都得到了明显提升，有利于更加有效的科普传播。视频、动画、文字与直播等不同的科普形式结合当地文化背景，利用不同地区多样化的传播媒介进行全球传播的本土化实践，在跨文化传播时更有力地减少"文化折扣"，最大效度地传达科普知识。短视频作为当下媒体内容生产的新风口，成为科普实践的新机遇。据《知识的普惠——短视频与知识传播研究报告》显示，抖音平台上的科普类内容最受广大用户的欢迎，其视频播放量、点赞量等都远高于站内平均水平②。短视频带来的传播优势也在科普的跨国实践中得到体现，通过自媒体发布的跨国科普内容获得了国内外用户的高关注度。随着世卫组织和红十字会等机构入驻Tik Tok平台，科普媒体产品逐渐丰富，新媒体的互动性也使科普实践展现出新的活力。

尽管跨国科普实践取得了一定的成果，但因各国民众的媒介素养、科学知

---

① 方可人、喻国明：《参与式科学传播：公民科研的国际实践——基于知识图谱范式的分析》，《东南学术》2020年第4期。

② 李彦松：《短视频助力推进全民科普——以"回形针PaperClip"短视频传播为例》，《视听》2020年第5期。

识、教育水平存在差异，目前的工作依然面临一定挑战。

首先，区域发展差异明显。经济发达国家的公众科学素质与媒体素养相比发展中国家具有明显优势。除此之外，多数发达国家的科普实践以政府和学术机构为重要力量，善用媒体与商业资本，形成了一套比较完善的科普理论，并结合互联网技术进行全民科普实践。而对于欠发达国家，科普形式仍停留在传统的讲座、科普展览等形式，媒体渠道与传播规律的探索有限。这给科普内容在全球范围内的标准化、普及化、信息化带来较大难度，也使得克服差异或者差距成为跨国科普的首要障碍。

其次，跨国科普多发生在大规模自然灾害爆发并损害到社会经济和生命安全等公共突发事件中，也就是大多来自国际危机状况下的短期需求，缺少国家主体间持续的联动和科普协作。跨国科普活动往往以"节日式"或"事件式"宣传为主，缺乏较为长效的合作机制。国际组织以及各个国家的相关机构对跨国科普没有制定长远计划，在面对突发事件时易产生被动宣传、重于形式、分工混乱等现象。

最后，同时掌握传播规律和技能的科普人才严重不足。从事跨国科普的人才多为协会专家、政府官员等，将科普工作视为附属工作，未设置专门职位和部门。科普产品的创作与设计、科普活动的策划与组织等方面的高层次专业性人才同样匮乏，由此所带来的如何合理分配跨国实践管理机构的资源与人才成为跨国科普发展的挑战之一。

第二节　新冠肺炎疫情期间科普实践面临的全球挑战

加速的全球化加剧了全球性风险的形成。紧密的互联与治理的缺位使得全球性风险给人类的生存和发展带来威胁。从 SARS 为代表的公共健康危机到全球变暖为代表的气候危机，再到信息泄漏和全球监视为代表的数字危机，全球性风险的存在方式正在变得愈加多元。新冠肺炎疫情就是一个史无前例的公共卫生事件或公共健康危机，导致了经济、政治等其他社会领域的风险加剧，集中体现了全球风险社会的系统性特征。融合媒体传播环境所产生的"信息爆炸"与"信息匮乏"使得这场疫情陷入真实的生活空间与虚拟的赛博空间的双重危机之中①，同时也给跨国科普实践带来了严重挑战。

（一）突发公共卫生事件产生信息疫情

新冠肺炎疫情是在传统媒体公信力日益下降，社交平台和智能媒体日渐普及的背景下发生的一场全球性公共卫生危机，因此也成为全球媒体关注与报道的热点，但随之也引发了"信息疫情"（infodemics）。互联网信息技术和移动设备的快速发展驱动了"多对多"的传播新格局的出现，信息发布门槛降低，缺乏专业"把关人"的用户自制内容（UGC）更易产生假新闻、虚假信息和谣言。在全球疫情报道中，5G会传播病毒，到蒸汽治疗、肤色可以免疫等虚假的谣言报道在国际范围内广泛传播。这种多维混杂的传播现象给科普实践带来了严重困扰与挑战，科普人员在向全球公众普及相关疫情知识的同时，还要针对各种谣言及时辟谣，进行事实核查。

由于疫情涉及医学护理等专业领域，而多数媒体人缺乏相关知识背景，在二次转载专家言语与结论时，即便是专业媒体也容易在抢时效的原则下产生反映部分事实或偏离真相的科普传播现象。

（二）群体暗示与感染机制产生信任危机

疫情使得公众获取新闻的速度与规模大幅度提升，"媒介依赖"的程度在此期间达到顶峰。据世界经济论坛发布的统计数据，全球65个国家在实施封闭或隔离措施后，人均互联网使用时长平均上升60%②。然而，信息的极大丰富与快

---

① 史安斌、戴润韬：《新冠肺炎疫情下的全球新闻传播：挑战与探索》，《青年记者》2020年第13期。

② 史安斌、戴润韬：《新冠肺炎疫情下的全球新闻传播：挑战与探索》，《青年记者》2020年第13期。

速传播并未有效解决公众的焦虑，网络上泛滥的谣言与后真相生态使得公众处于真假难辨的信息环境中，鱼龙混杂的科普文章被大量转发，多次传播的谣言被广泛认定为事实，在焦虑、愤怒、民族主义等极化情绪的暗示机制的作用下，快速对其他群体成员进行感染，并引发整个群体的非理性活动。① 这种先入为主的刻板观念，成为科普机构在实行科普实践，特别是跨国科普实践时获取公众信任的阻碍因素。除此之外，以种族主义为内核的有关疫情的文化偏见也将科学叙事和理性思考推向边缘。

第三节　世界卫生组织的科普传播实践

新冠肺炎疫情发生以来，世界卫生组织（WHO）快速响应疫情发展态势，秉持"科学、客观、公正"的立场，积极指导协助各国应对疫情，向国际社会及时发布疫情相关信息并提供防控指导，积极推动抗击疫情国际合作，得到国际社会广泛认可，为抗疫国际合作作出重要贡献。当代中国与世界研究院专业数据库统计显示，2020 年 1 月 1 日至 2 月 29 日期间，全球有关新冠肺炎疫情的新闻报道共计 53.9 万篇，其中涉世卫组织的新闻报道为 27.6 万篇，占比达到 51%，世卫组织作为协同各个国家、凝结全球力量的枢纽，在这次疫情的跨国科普中发挥着关键领导作用。②

（一）科普内容：面向国际、最新数据、舆情反馈

全球疫情背景下，各国面对的不仅是"病毒战疫"更是"信息战疫"。收集

---

① ［法］古斯塔夫·勒庞：《乌合之众：大众心理研究》，冯克利译，广西师范大学出版社 2011 年版，第 50 页。

② 隋璐怡：《新冠肺炎舆情中的世卫组织：积极发挥引领作用》，《世界知识》2020 年第 8 期。

全球各类传染病信息，及时发出重要警报是世卫组织的重要职能之一。疫情发生以来，世卫组织通过其风险沟通和"谣言传染病"管理团队，及时追踪多语种疫情相关错误信息。在其官网首页，世界卫生组织设立了新冠肺炎专题板块，并采用中、英、法等六国语言进行跨国科普。比如，专题报道《新冠病毒肺炎对公众的建议》针对老人、小孩、孕妇等不同群体进行分类科普指导，结合全球数百位专家就不同地区进行国际传播，创新叙事语态，丰富传播内容，用最新数据与应对措施积极回应社会关切，引导全球社会各界理性讨论。

除此之外，世卫组织在其 OpenWHO 平台上增加了关于新冠肺炎疫情的在线课程，以31种语言13个不同主题共计100个COVID–19课程免费向数百万医务工作者提供培训服务，同时对不同国家的民众进行疫情科普。世卫组织借助互联网理念架构综合性的国际传播思维，在更宽广的场域提供更为综合性的服务。据世卫组织统计，OpenWHO 平台的注册人数超过370万，其中80%的人报名了COVID–19课程。

（二）科普策略：多方合作、精准发布、形式丰富

为了更广泛地传播真实而正确的信息，进行广泛的有关疫情的科学知识普及，世卫组织还与社交媒体和科技公司紧密合作，根据不同国家受众接受信息的特点采取不同的信息发布形式，采用的平台有脸书、推特、谷歌、腾讯、百度、抖音、微博等。世卫组织建立"平等对话机制"，细分国际受众圈层，采用区域化、本土化的生产方式，改变过往"传而不通"的国际传播困境。2020年4月2日，世界卫生组织与快手合作进行直播。在时长约30分钟的直播节目中，世界卫生组织驻华代表高力医生详细解答了有关新冠肺炎疫情的各类问题，利用快手平台与中国籍医生等本土化视角，更加有利于向中国受众进行精准化的国际传播。同样，针对不同国家，世卫组织采取了不同的合作平台。为提供更为及时与可靠的公共卫生建议，世卫组织在2020年2月开通了官方 Tik Tok 账号，以努力消除国际舆论场中关于新冠肺炎疫情的虚假和错误信息。

世卫组织在多方平台发布科普知识，推动其他专业媒体和自媒体的接续跟

进，达成媒介间的议程互动，使得公共突发卫生事件迅速成为公众舆论的中心议题，引发受众对于科普知识的关注与学习。微信、微博平台既在科普内容的传播上实现共振，也在科普手段上呈现多元，引导公众以科学态度理性对待，以科学方法正确防护，减少由疫情带来的"二次伤害"。

除此之外，互联网技术的纵深发展催生了微博、微信等社交网络平台的普及，受众通过社交平台随时随地与其他用户进行人际互动与交流。微博这类较为开放的平台上形成的弱关系与微信这类相对封闭的平台上形成的强关系共同构成关系网，使得科普信息传播更加快速，互动更为积极。世卫组织在微博上发起#2019 冠状病毒病#话题报道，采用图片形式对防疫工作进行科学普及，又如"教你一图分辨其他疾病与新冠肺炎"，通过表格的形式，简单明了地对公众症状进行区分。而微信公众号拥有比微博更大的版面与文字权限，通常被世卫组织用来进行深度科普。

（三）科普效果：平易去魅、多次传播、到达率高

启动抗疫科普传播以来，世界卫生组织借助各大社交平台、官方网站、直播、发布会等渠道进行跨国科普。世界卫生组织在抖音推出相关短视频作品，总播放量高达 6 亿次，通过快手、抖音等短视频平台的高覆盖度、高传播速度，有效提升了世界卫生组织推广正确洗手方式、办公场所防范措施等科学防疫知识的传播效果。世卫组织在国际传播中，多运用图片、漫画等形式传播科学知识，将专业的科学内涵进行精简提炼，以通俗的语言告知科学原理以及结论措施，加之短视频等碎片化特点以吸引读者眼球，引发阅读兴趣，将科普知识"去魅"，从而缩短受众离基础科学知识的认知乃至心理距离。此外，社交媒体平台转发、评论等反馈功能有利于促进国际传播中科学信息在受众中的二次传播，形成"大众传播—人际传播"的科学传播链条，提升科普效率。[1]

---

[1]　奚啸琪、杨扬：《论网红在抗疫国际传播中的作用——以中央广播电视总台"小溪工作室"报道为例》，《国际传播》2020 年第 2 期。

第四节　跨国科普实践在国际传播中的新机遇

随着经济全球化、文化多样化和社会信息化进程的深入，跨国科普实践也有了新的方向与机遇，呈现出创新发展的新趋势，主要体现在多元传播主体参与，多国深度合作与发展，以及科学素养提升等方面。

多元主体参与为跨国科普注入新力量。传统模式下的跨国科普，是专业机构通过传统媒体向大众传递科普信息，具有职业化、组织化的特点。融合媒体环境下的跨国科普传播，传统媒体的唯一性乃至权威性受到严峻挑战，随之降低的用户生产门槛改变了大众传播"一对多"的传播特点，新媒体的平等、交互与功能多元性为科普传播创造了全新的空间。受众独立于专业机构，由具有一定科学素养的非专业人员组织，在论坛或社交平台上自主发起讨论，利用群体传播和人际传播的双重影响力，继而倒逼相关专业机构进行科普议题重置。

双向参与的融合传播模式。各大科普机构与科学家入驻国际社交平台，以手机应用为代表的新媒体平台可以进行实时问答或即时干预，为科学传播提供了双向交流的可能。知乎、果壳网等一大批具有影响力的科学类社群网站的出现，以及"Crash Course""SciShow""Healthcare Triage"等在 YouTube 上具有百万订阅量的自媒体，吸引了更多人参与到科普传播中来，使得跨国科普有了"用户参与科普传播内容生产"的新特征，加大了跨国科普的传播社群传播。[1]

国际深度合作促进前沿科技资源共享。科学传播无国界，实现科学共享是跨国科普实践的发展方向与理念。在国际传播中，各个国家应主动加入合作当中，共同探索共享的知识生产和传播模式，分享科技前沿信息。这样不但可以避免科

---

[1]　牛桂芹：《浅论新时期多元化视角下的科学传播主体结构》，《科学教育与博物馆》2017 年第 3 期。

普内容的重复传播，避免物质资源与人力资源的双重浪费，还可以尽可能地发挥各国的传播优势，根据不同的受众特点开展具有地域特色的科普宣传。另外，发展中国家可以积极学习和借鉴发达国家的科普经验，引进优秀展览、图书、影视等，从而缩小知识差距，提高公民整体的科学鉴赏能力和科学素养。以我国开展的"一带一路"国际科普交流周为例，有效整合了国外优秀的科普资源参展，从而创新开发以中国政策和制度为特色的跨国科普实践。

高度互联的国际传播，尤其是社交媒体平台的广泛渗透，使得跨国搜索与核查成为可能。随着全球公民科学素养水平的显著提高，由公民自身认知和二次建立的核查机制在很大程度上阻断了各种科学流言与谣言在国际范围内的传播。

中国的抗疫取得重大战略成果，但全球疫情仍在不平衡地蔓延，跨国科普实践仍是全球进行科学普及、防疫控疫的主要手段之一。世卫组织在这次疫情中的表现给未来跨国科普实践提供了可借鉴的经验。首先，跨国科普要借助互联网和新媒体的优势与特点，及时更新科普传播的内容，为公众参与科技与公共议题的讨论提供多样化的渠道。其次，还需加强与国内外科普研究机构的合作，充分利用各国的科技资源，提供可靠的科学知识和权威数据，形成"深合作、多渠道、全科普"的跨国科普传播新格局。

| 附 录 |

文明对话的边界
——与吉恩·克里斯托夫·巴斯先生对谈

对谈人：

➢ 吉恩·克里斯托夫·巴斯（Jean – Christophe Bas），人类命运共同体欧洲研究中心负责人，欧洲和平联络组织首席执行官、创始人。

➢ 艾克达·阿斯哈尔，中国传媒大学传播研究院硕士研究生。

➢ 姬德强，中国传媒大学教授、博导，人类命运共同体研究院副院长。

新冠肺炎疫情、共同归属感与新国际主义

在人类文明史上，对话和交流是一以贯之的主题。但是，自我维系、歧视偏见、矛盾斗争也往往伴之左右。区域性和全球性的大变局往往阻隔着文明对话，正如 2020 年初至今的新冠肺炎疫情，及其对人类文明交流的巨大影响。这个话题确实比较宽泛，至少涉及了如何定义文明、如何理解文化、如何解释和评价对话等一系列概念问题。关于"文明对话"这一主题，您的总体看法是什么？

巴斯：这个话题确实很宽泛，但就文化和文明之间的对话与合作而言，现在去尝试了解新冠肺炎疫情的真正后果还为时尚早。我们不确定这场危机是否会成为人类历史上一个彻底而深刻的转折点，或者说，这是否会成为重要的一步。这就跟你阅读历史书时一样，你总是会困惑，比如，随着时间的推移，你可以慢慢了解某个事件的本质，但当你开始亲身经历这个事件时，反而不能像"局外人"

一样去分析、摸透它的本质。所以，我认为，在某种程度上，现在去讨论新冠肺炎疫情的真正后果为时尚早。但是，在这样的背景下试图了解当不同文明之间开始进行对话与合作时，可能会产生什么样的后果，会让整个过程变得更加有趣。我想重点强调的一点是，此次疫情的影响是世界性的，这也许是人类历史上第一次，全世界人民都面临着同样的压力和恐惧。在这次新冠肺炎疫情之前，从来没有过这种情况，无论身处何地，疫情给人们生活、工作、健康以及方方面面带来的影响都是一样的。

我相信对于人类而言，这恰巧是个可以建立起某种共同归属感的机会，或者说是个能够培养起某种共同责任感的好机会。这两个都是很重要的因素，如果幸运的话，这场危机可能有助于增强人类共同的归属感，以及共同的责任感，因为我们必须共同分担责任以应对这场危机。从某种意义上说，希望最后的结果是我们都能够承认，无论是什么种族、什么肤色，归根结底，从大体来说还是一个整体，但在这个整体里存在很多各种各样的文化。我认为这可能是这场危机能够带给我们的唯一好处，就像你说的那样，趁此机会试图去建立全球公民意识。这可能有助于引发一种新的国际主义意识，并且会有一种超越文化和文明、超越差异的强烈的信念，这在某种程度上是完全合理的。因为我们有一些基本的共性，其中一个共同点是，在这场灾害面前我们要保护自己的健康，尽可能地免受伤害，这就是我所说的这种新国际主义意识以及共同责任感。所以我对这场疫情的看法就是，我们希望通过建立归属感和共同责任感，尽可能地让这场可怕的危机成为能够向正向发展、产生积极后果的一次机会。

后疫情时代，是什么让我们团结在一起？

您强调了一系列非常重要的概念，这些概念将定义此次危机，同时也是未来的机遇。这也与第二个问题有关，我们仍然处于这场全球疫情之中，但是人们已经开始考虑未来的事情。就像如今，人们在讨论许多关于疫情带来的危害的解决方案或疫情结束后的世界可能是什么样的等一系列议题。除了您刚才提到的共同责任和共同归属感之外，您对疫情结束后的世界有什么期待呢？您看到什么与以往不同的变化了吗？

巴斯：我还是觉得现在讨论这个为时尚早。我们仍陷在这场危机之中，所以在某种程度上，我们现在要做的就是试图去了解这个"水晶球"，但我认为这也是我们作为一个研究中心和智库去试图确定一些新兴趋势、预测风险以及减少和优化风险的机会。基于我们之前的讨论，在此次危机之后，我希望看到的结果是能够产生一些让人类开始思考"是什么让我们团结在一起"的讨论，或者说，能够加速产生一种关于培养人类归属感的意识。

我认为我们真正需要思考的是，如果可以将这场危机看作一个机会，而试图引发一场关于是什么让我们作为一个大整体在 21 世纪仍然团结在一起的全球讨论。我认为，尽管我们存在很多方面的差异，比如文化、种族、宗教差异等，但仍然有一些共同的渴望将我们聚集在一起。我认为这是根本原因，这些渴望可以是一种能够保证未来持续和平与稳定的契约。如果没有这种渴望，人类社会将不可避免地产生很多冲突。我们从某种意义上来说正处在一个十字路口，同时存在很多不同的渴望，但是我们需要共同承担这份责任——如何能将不同的渴望结合在一起。我们需要从全球责任的角度来思考，在如何使传统文化和信仰的志向与全球视野并存上下功夫。

这就是目前我对未来的看法。当下比以往任何时候都更需要一场关于这些基本价值观的全球对话。当我说全球对话时，我真的是在强调"对话"这个词，它是非正式的和互动的。我认为我们真正需要的是各个层面的对话，不仅仅是政界、学术界、企业界和青年组织间的对话。我们需要更多的对话和互动来探讨是什么让我们在 21 世纪仍然团结在一起，这种对话是最基本的，因为如果我们所有人都能清楚地认识到正是这些基本的东西让我们走到一起，那么就会在我们的合作方式以及基本的游戏规则上达成一致、和平共处。

借力数字化，打破无知之墙

此次危机之后的世界不是两级分化的，而是有很大的潜在可能性变得多极或更加多元化。我们仍然记得，您在文明对话研究院组织的一次网络研讨会中提到了一个问题，数字技术在这场危机中的重要性，您认为这将推动数字技术的全球渗透，您还提到了未来要为世界文明建立一个数字论坛。那么，您对数字技术在未来全球交流和文明对话中的角色或作用有何预期？它会成为一种新的基础设施吗？或者它将以不同的方式塑造不同文明之间的对话或文化交流的未来？

巴斯：我们讨论的这种新的模式是在数字技术和数字平台中互相影响的。在疫情期间这种模式是非常积极有效的。作为一个智库，文明对话研究院试图与非常广泛的人进行深入的讨论，这些人本来很难接触，而且成本也很高。我意识到，可以与联合国副秘书长等政要组织一次有关未来国际合作的高水平会议。这个会议如果线下进行的话，可能需要花费 10 万欧元，而且这意味着需要数月的工作和准备。但是在线上，我们提前 10 天发出了邀请，就找到了来自世界各地、声望和水平极高的五个人来参加会议，而且会议跟线下面对面讨论一样很高效。所以，这是一个根本性的改变，而且我认为它极大地为欧洲和中国，还有中美两国之间，创造了最简单、最便宜、最快捷的交流机会。我认为，作为研究中心的学者和智库，我们可以发挥巨大的作用，尽可能创造更多的互动机会，相互学习，了解我们在哪些方面存在共同点以及不同的看法以保证我们如何避免关系恶化或认知误会。

疫情之前，只有少数组织、非政府组织才有能力参与全球对话。因为很多类似活动在某种程度上有时候没有很好地为这种对话创造条件。但事实上，他们本该可以做到的，因为这是外交官或政府职责的一部分。如今，疫情促成的这种线上活动提供了能够进行完全不同的全球对话和全球互动的绝佳机会，这种新的方式也指引我走进了智库和学术的中心。

面对如今社会的持续性两极分化，我们一起反思为了避免这种情况我们能够做什么非常重要。这场危机带来的数字化变化是一个非常积极的发展。比如，一些高层中的关键人物开始与世界其他地区的人产生互动的兴趣，而且互动的可行性也非常高。时差可能会成为唯一的问题。关于时差，我们无能为力，但这并不是互动的主要障碍。我认为，双方作为命运共同体或文明对话的机构，在某种程度上我们有相同的目标，正如我们之前所说的第一个问题，你问我关于归属感和共同责任的概念，这也是你们研究院的核心追求。这种归属感和共同责任是需要创造、推动的，这也促使了人类命运共同体的出现。

我认为，在某种程度上，我们都在朝着同一个方向努力。因此，我们需要就此进行大量对话，去了解和解释。有时，同一个词在不同的时期会有不同的含义，所以我们需要定期进行持续的讨论。对话的各个参与方之间仍然有巨大的墙，我们需要做的就是打破那些不信任的墙。在我们进行对谈之前，我正在查看一份民意调查。美国和欧洲对中国的不信任程度令人惊讶。但我认为，缺乏信任实际上是缺乏知识。正是由于无知，没有足够的机会交谈和参与，才会产生这种信任危机。这就是为什么我认为数字工具以及作为媒体传播领域中国排名第一大学的中国传媒大学，需要把握机会，现在进行多元化国际传播和文明对话的原因。我们需要这种与对方接触的机会，去打破这堵无知之墙，也有必要更多地了解中国文化以及中国视野。同样重要的是，要明白，在西方大多数人的头脑中，他们的思想已经被塑造成这样一种理解，即他们的价值观就是"普世价值"。除此之外，他们的头脑中没有其他不同的声音、不同的价值观。我认为，是时候让西方的人们了解其他不同的文化，了解其他文化中的"他们"是如何看待家庭、看待社区的，又是如何理解责任、权威等这些概念的。而这种数字平台和工具，为我们的互相理解提供了一个非凡的机会。能够参与这个机会的不仅仅是受过教育的一小部分人，而是所有民众都可以参与接触到，这也是现阶段最需要的。借此机会去改变一些民粹主义的无知想法也很重要。

有趣的是，在第二届网络研讨会上，我们组织了关于未来国际合作的讨论。其中一位演讲者发表了非常有趣的声明。他说，21世纪的真正风险不是进入第三次世界大战，而是在于我们社会的两极分化，尤其是在西方世界，这将导致我们的社会分崩离析。我们期待的是，基于这种情况，我们是否能迎来一个极好的时代，是一个能够让我们学会怎么更好地结合现存的各种文化的时代，比如西方文化、儒家文化以及来自世界各地的各种文化，并试图寻找这些不同文化中存在的问题。面对这些不同的文化，我们要始终保持开放的态度，比如我们可以从非洲文化中学到什么？或者我们是不是也可以从中东文化学到很多东西，等等。

对不同的文化保持开放的态度是我们能够在 21 世纪拥有一个安全、稳定和繁荣的世界的唯一途径。如今的世界中，我们可以看到还是存在很多两极分化的现象。对于我们这些在倡导命运共同体以及进行文化间对话的人来说，使用这些数字工具是非常重要的，我们需要从根本上扩大交流的规模。通过战略伙伴关系，我们可以在真正的全球对话中进行交谈，这对于改变人们的生活是必不可少的，这一点非常重要。

不得不说，这是非常重要的一点。现在很多人都在讨论关于新冠肺炎疫情带来的两极分化、分裂、分崩离析等。因为新冠肺炎疫情带来的这些健康威胁，我们不得不关上交流的"门"以及"窗户"。它对于政治、文化、宗教方面的联系也有某种副作用——控制移动性对人们的交流或交谈也有非常负面的影响。所以，我们完全同意您所说的关于更美好、更繁荣的未来，关于关键机制的这些说法。这些讨论也给我们的这次对话画上了完美的句号。谢谢您，吉恩·克里斯托夫。

后　记

　　本书由中国传媒大学人类命运共同体研究院出品，各章均由中国传媒大学教师主持编写，各章作者如下：第一章：李怀亮；第二章：张苏秋；第三章：窦毓磊；第四章：葛艳玲；第五章：王四新；第六章：姬德强、袁玥；第七章：王景枝；第八章：张艳秋；第九章：文春英、吴莹莹；第十章：赵如涵、贾婕。